A Companion to
Francis Bacon

培根指南

文聘元——著

GUANGXI NORMAL UNIVERSITY PRESS
广西师范大学出版社
·桂林·

培根指南
PEIGEN ZHINAN

策　　划：叶子@我思工作室
责任编辑：叶　子
助理编辑：周士武
装帧设计：刘振东
内文制作：王璐怡

图书在版编目（CIP）数据

培根指南 / 文聘元著. -- 桂林：广西师范大学
出版社, 2022.1
　（我思学园）
　ISBN 978-7-5598-2923-8

Ⅰ. ①培… Ⅱ. ①文… Ⅲ. ①培根(Bacon,
Francis 1561-1626)－哲学思想 Ⅳ. ①B561.21

中国版本图书馆 CIP 数据核字（2021）第 225855 号

广西师范大学出版社出版发行

（广西桂林市五里店路 9 号　邮政编码：541004）
网址：http://www.bbtpress.com

出版人：黄轩庄
全国新华书店经销
北京汇林印务有限公司印刷
（北京市大兴区黄村镇海鑫路9号　邮政编码：102611）
开本：850 mm × 1 168 mm　1/32
印张：7.375　　　　　　字数：135 千字
2022 年 1 月第 1 版　　　2022 年 1 月第 1 次印刷
定价：38.00 元

如发现印装质量问题，影响阅读，请与出版社发行部门联系调换。

目录

CONTENTS

第一讲　光与剃刀

关于弗朗西斯·培根，我们最熟悉的有两样：一是他的那句伟大的名言"知识就是力量"；二是培根是经验主义者。

"知识就是力量"我们后面再讲，在这里先来讲一下经验主义，因为不讲讲经验主义就难以了解培根。

这是为什么呢？因为培根思想的主体就是经验主义，他也是经验主义的先驱与伟大代表。然而，如果以为经验主义是从培根开始的，那就大错特错了。事实上，经验主义在英国历史悠久，培根只是继承了这个传统并将其发扬光大了。

可以说，英国古老的经验主义传统乃是培根思想的根，没有这个根，培根的思想也就是无源之水、无本之木。换言之，也就不会有培根的经验主义思想。

所以，在讲培根之前，我们要先来讲一下英国古老的经验主义传统。

上帝是光

英国最早的经验主义也许要从诞生于 810 年的爱留根纳（Johannes Scotus Eriugena）讲起。

爱留根纳并非英国人，而是爱尔兰人，但在那个时代既没有现在意义上的爱尔兰，也没有现在意义上的英国。爱尔兰由于与英国近在咫尺、唇齿相依，因此有着共同的哲学传统。

爱留根纳的代表作是《大自然的分类》，虽然他所谓的大自然内容非常广泛，包括一切的存在者，但从这个书名我们还是可以看到他对于我们极目所见的由万物构筑而成的大自然是很关注的。关注大自然、关注万物乃是经验主义一个最为根本的特点，也是经验主义的起点。

在爱留根纳那里当然还没有现在意义上的经验主义，只有它的一点影子，但这个影子的影响一直存在，并且在默默地变得分明起来。后来，到了格洛塞得斯特（Robert Grosseteste）那里，得到了分明的展现，因此他也可以说是英国最早的经验主义者。

格洛塞得斯特 1170 年左右出生于英国的萨福克郡，后来到了巴黎大学留学，毕业后回到牛津大学，1220 年左右成为牛津的名誉校长。他还是方济各会的修士，1235 年担任了林肯郡主教，1253 年去世。

格洛塞得斯特的成就是多方面的，他既是一位出色的翻译家和注释家，翻译了亚里士多德的多部著作，又是一位颇有成就的哲学家。而且他的哲学与那时一般的中世纪哲学家相当不一样，带有浓厚的经验主义色彩，是从经验的或者说科学的角度去论述神学。具体而言就是将科学与神学结合在一起，这是他异于也优于此前其他神学家的最大特征。他著作中的重要一类就是科学著作，如《论光》《论技艺的用处》《星辰之起源》等，大都是些有关科学知识的小册子，内容简洁明了。这些都体现了经验主义的哲学特色。

在格洛塞得斯特的思想中，最典型的是他有关光的思想。格洛塞得斯特认为光是第一个具体的物质形式，原因在于光有"扩散性"，即光能够从一个点开始向各个方向扩散，形成巨大的，甚至任意大的光球。[1]格洛塞得斯特关于光的这个说法显然是符合我们的经验与常识的，这也是经验主义的一大特点。经验主义实际上可以从一个最简单的角度去理解，就是哲学要符合经验，要从我们的经验之中去获取知识。

进一步地，格洛塞得斯特认为光除了能够扩散，还能够进行自我的增殖，也就是说自己变强，因此能够形成九个大的光球，这就是九大天体了。这九大天体或者说光球的最下面一个就是月亮，格洛塞得斯特说月亮也可以散发光芒，通过这种散发而在它的下面形成四大元素即水火土气，这就和古希腊恩培多克勒的四大元素一致了。

四大元素形成后，整个可以感知的世界就形成了，它们是这样的：

> 这个可感世界的十三光球都形成了：九重天界，是不可被改变、增长、产生、腐化的，因为都被充满了；还有四界以相反的方式存在，可以改变、增长、产生、腐化，因为没有被充满。这是很清楚的，每一层较高的物质，都因为它所产生的光芒，而成为后面的物质的形式和完善。[2]

格洛塞得斯特的这些理论，简而言之就是认为所有物质都是由光组成的，但光似乎并不是直接地变成物质，而是成为物质的一种形式，而且是物质的完美的形式。

正是从这个物质性的光出发，格洛塞得斯特将这种理论扩展到了神。因为他认为上帝就是光，而且是纯粹的光、永恒的光；众天使也是光，当然他们的光比上帝次一级，不过可以从上帝那里分享那神圣永恒的光。

从上面的分析不难看出，格洛塞得斯特的神学最显著的特点，是从物质的与经验的角度去认识神，将一般被视为不可知亦无形象的上帝比喻成一种可感知的光，并且从光的角度去分析神与世界，这些都可以说具有明显的经验主义特征。

格洛塞得斯特之后，下一个同样带有浓厚经验主义色彩的哲学家是罗吉尔·培根（Roger Bacon）。

人类无知的根源

罗吉尔·培根约 1214 年生于英国伊尔彻斯特，十多岁时进入牛津大学，他的老师之一就是格洛塞得斯特。大概是受了老师的影响，罗吉尔·培根也对自然科学产生了极大的兴趣，这也成为他的哲学的标志。1240 年左右时，罗吉尔·培根成为巴黎大学教师，后来又回到牛津大学。但爱批评人又直话直说的性格使他难以和人相处，后来他被迫离开牛津，全心研究自然科学和神学，在两个领域都取得了相当杰出的成就。但由于他仍在不断地批评这个那个，给自己树了一大堆敌人，后来被人找借口关了起来，可能还关押了相当长的时间。获得自由后他回到了英格兰，1292 年逝世于牛津。

由于一生孤独悲惨，罗吉尔·培根在历史上赢得了"悲惨博士"的绰号。他的著作主要有三部，即《大著作》《小著作》和《第三著作》，后两部实际上是对第一部的注释，因此他主要的思想都展现在《大著作》中。

《大著作》共分七卷，第一卷中他就提出了人类认识错误或者无知的四大根源，分别是：服从没有价值的权威、习惯的影响、大众的偏见、为了掩饰自己的无知而表现的小聪明。[3]

看了培根的这四个错误根源之后，我们一定会联想起本书要讲的17世纪的培根——弗朗西斯·培根，他提出了著名的四假象说，指出由于人类有某些缺憾，这些缺憾阻挠着我们，使我们不能摘到知识之果，从而走向错误、无知与愚昧。这些都和罗吉尔·培根的观点是一致的。弗朗西斯·培根的四个假象之中，第一个假象叫"种族假象"，指的就是人之作为人而导致的假象，即人以自己而不是以客观事物为中心的独断态度所导致的错误；第二个假象叫"洞穴假象"，指人作为个体而导致的假象；第三个假象是"市场假象"，即经院哲学家们用一些空头概念建立了大量的哲学命题甚至哲学体系，这些东西其实只是表明了他们的无知，虽然他们竭力想用深沉的言语来掩盖，但这只是掩耳盗铃，结果欲盖弥彰；最后一个是"剧场假象"，这个假象就是指人们在认识世界的时候，并不是根据自己的所见所闻去朴素地认识，而常常是在所谓权威的指引下去认识，这样就产生了错误。这些我们后面都会详细说到。

显而易见，两位培根的观点是非常相似的，例如谈的都是人们认识的错误之源，其中的内容也多是重合的或者说相通的，例如两人的四个假象都有一个指的是因盲目相信所谓的权威而导致的错误，这也是最有害的错误，直到今天都是如此。因此我们完全可以合理地猜测，后一个培根可能是受了前一个培根的影响。

和格洛塞得斯特一样，罗吉尔·培根对自然科学特别是光学深感兴趣，《大著作》第五卷的主题就是光学。在这里，罗吉尔·培根不但分析了光的反射与折射等，还特别指明了光的具体用途，例如可以使小的东西变大、远的东西变近。也许正是因为这样的说辞，黑格尔以为罗吉尔·培根发明了望远镜。[4]

《大著作》的第六卷同样是有关经验科学的，其中特别强调了经验的作用，他在一开篇就指出：

> 确定了知识在语言、数学和光学方面的基本原则之后，现在我想阐明实验科学的原则。因为没有经验，我们就无法充分认识任何东西。[5]

罗吉尔·培根认为，人们可以通过两种方式获得知识，即经验与推理，两者之中以经验最为重要，因为只有经验能够使人心悦诚服，推理却不能。与经验相关的是实验，通过实验获得有关经验之后，便可以打破旧的迷信而获得新的知识。他还举了几个具体的例子，如当时的人一般认为用山羊血才能打碎钻石，但他说这是不能被经验证实的，而用宝石的碎片则能够切开钻石，罗吉尔·培根还强调说这是他亲眼所见。另一个例子是有人说亚里士多德在《天象论》第二卷中指出，在容器中，热水结冰比冷水快。但罗吉尔·培根指出亚里士多德既没有说过这样的话，事实上这也是不对的。亚里士多德说的是如果把冷水和热水同时泼到冷的地方，例如冰上，则热水结冰会比冷水快，而这是正确的。

罗吉尔·培根还整体强调了经验科学的作用，说只有通过经验科学，才能拆穿谬误、找到真理：

> 经验科学……只有这门学科才知道怎样完满地检验出自然能做什么，人的艺术追求能达到什么，欺骗的伎俩为什么能得逞，咒语、魔法、祈祷、求恕、献身等神秘活动意味着或梦想着什么，它们中又包含着什么。这样一来，一切虚假的东西都可以被清除掉，只有艺术和自然的真理得以保存。[6]

显然，这些都是典型的经验主义哲学思想，与后来从培根到洛克的思想是完全一致的。因此，称罗吉尔·培根是弗朗西斯·培根和洛克思想上的先驱是一点儿也不过分的。

罗吉尔·培根之后，英国又诞生了一位更加伟大的经验主义者，那就是奥卡姆。

经验是一把剃刀

关于奥卡姆的生平，有许多谜，但可以确定的是他是英国人，出生于13世纪末或者14世纪初，十几岁就加入了方济各会，并在一所方济各会的学校学习神学，1309年左右去了牛津大学，1317年左右开始出版作品。但他的思想充满了异端，被人控告，不得不跑到阿维尼翁去接受审查。这时候的教皇乃是约翰二十二世，性格多疑又暴躁。也许奥卡姆害怕有一天被定为异端而烧死，1328年5月的某一天夜里，他和当时方济各会的总会长切塞纳的迈克尔——此人当时也在阿维尼翁接受教皇的质询——跑到了约翰教皇的大敌、当时的神圣罗马帝国皇帝、巴伐利亚的路易斯四世那里。据说见到皇帝后，奥卡姆说了这样的话："你用你的剑保护我，我用我的笔捍卫你。"这只是一个传闻，但符合后来的实际情况。此后，奥卡姆在他的整个一生中就真的用笔捍卫起皇帝来了，并且从思想到政治，都同教皇展开了猛烈的斗争，这样的斗争对西方的思想史与政治史都产生了重要影响。从此，奥卡姆就生活在皇帝的保护之下，在1350年左右去世。

奥卡姆虽然寿命不长，但写了大量著作，且内容十分广泛，涵盖逻辑学、自然哲学、神学、政治学等各个领域，并且在每个领域都取得了很大的成就，提出了许多卓越的见解，这些我们且不多说，这里只说他有关经验主义的哲学思想。

奥卡姆乃是14世纪经院哲学一个极为重要的人物，但他的重要性有点特别，就是他乃是一个"掘墓人"。正是他的思想为传统的中世纪哲学挖开了一个巨大的墓穴，将许多中世纪哲学的重要思想都扔进了坟墓。奥卡姆从古到今都是一个备受争议的人物，正如瑙尔斯所言：

> 甚至在我们这个时代，他依然是一个有争议的人物。他同时代的年轻人以及他们的继承者把他拥戴为一个新时代的先驱和圣师，他在世时就受到憎恶其观点的人们的攻击，后来还受到那些反对他的技巧而保留其许多观点的人的攻击。……他们认为奥卡姆是亚玻伦（Apollyon），是个大骗子和破坏者，毁掉了中世纪思想黄金时代的建构。[7]

奥卡姆为什么能够将传统的神学毁掉呢？他又是凭什么将其毁掉的呢？他主要凭借的就是经验主义，他的经验主义如格洛塞得斯特和罗吉尔·培根的经验主义一样，也是与科学密切相关的，甚至可以说他的经验主义就是科学。

在奥卡姆看来，存在着两种科学，即真实的科学与理性的科学，前者研究具体存在的客观事物，后者则不直接指涉具体存在的客观事物，而是研究描述这些事物的语言与思维，显然逻辑学就是这样的理性科学。奥卡姆还指出，两种门类科学的区别是，理性科学是以真实科学为基础的，因为逻辑是基于实在事物的。

为什么如此呢？在他看来，那是因为真实科学指向普遍的概念并以之为基础，而这些概念乃是直接关系到具体存在的事物的。在奥卡姆的思维里，这些具体存在着的事物才是最为基本的，这乃是他基本的哲学观念，由此可以自然地导向英国人最古老的传统思想——经验主义。

具体而言，奥卡姆的经验主义表现在他对直觉知识的重视上。

所谓直觉知识，简而言之就是通过直觉得到的知识。直觉在这里可以理解成"直接的感觉"，也就是说，我们直接地感觉某物就是直觉，而得到的知识就是直觉知识。例如我们看到一朵红花，于是得到这样的直觉知识：这是一朵红花。

不用说，从这直接的感觉或者说直觉知识所得到的就是经验了。所以直觉知识换言之也是经验知识，这就是奥卡姆的经验主义。

在奥卡姆看来，我们要获得知识，首先就要具备这样的直觉知识，这乃是一切知识的基础。例如我们要认识某一个事物，如何开始呢？很简单，那就是用感官去感觉，从而得到有关它的经验。那么，经验又如何开始呢？当然是从个体之物开始，这也是最为具体而直接的感觉，我们对事物所有的认识都是从这些个体之物开始的，这就是我们认识的起源。对此，奥卡姆说：

> 在我们谈到认识的起源时，个别事物是感官的第一个对象；所以就知识的起源说，个别事物才是首先被认识到的东西。[8]

这是再明显不过的经验主义思想了。相应地，在奥卡姆看来，当我们认识事物时，那首先得到的认识乃是直观的认识，即直觉知识，而不是抽象的知识。这同样是很重要的。倘若我们感觉事物时，首先得到的是抽象的知识，那么虽然知识从感觉开始，但首先形成的却是抽象的知识，这无异于说抽象的知识是先于感觉知识的，而这有违经验主义的基本原则。所以奥卡姆认为，知识起源于我们对于个体之物的感觉，而且我们从个体之物中首先得到的是一种直觉知识，在这样的直觉知识的基础之上才形成了对事物的抽象认识。[9]

那么，我们通过对个体之物的直接感知，首先得到的是一种什么样的直觉知识呢？奥卡姆提出了一个听上去有些怪异的观点，那就是存在。

除了存在，奥卡姆还指出，直觉知识也是一种综合性知识，即通过直觉知识我们不仅会获得个体之物是存在的这样的直觉知识，还可以获得有关它的其他知识，这些知识可以综合起来形成对事物整体性的认识。他还举了苏格拉底的例子，当我们确定对面走过来的人是苏格拉底时，就得到了有关苏格拉底的许多直觉知识，例如他是一个白人而不是黑人，是一个很丑的人而不是一个美男子，如此等等。我们对苏格拉底的认识就是这些直觉知识的综合。[10]

从这些分析可以看到，奥卡姆认为我们通过直觉知识可以获得关于事物的存在、性质以及性质的综合，并且由此可以对该事物作出整体性的判断：这是什么。这些可以说就是对直觉知识的整体性描述了。

还有，在奥卡姆看来，我们从感觉之中获得的直觉知识乃是一种直接的、当下的、立即可以生成的知识，还是一种自然而然产生的知识。可以这样说：因为它是直觉知识，所以必然具有这些特点。例如当我看见一朵红花时，得到了"这是一朵红花"这样的直觉知识，这当然是直接的、当下的、立即可以生成的。

正是从这种经验主义的观点出发，奥卡姆建立了他的哲学体系，他的其他哲学思想，包括对神的理解以及著名的"奥卡姆的剃刀"等，都是以之为基础的。

虽然奥卡姆的神学也是从经验主义出发的，但对他而言，神或者说上帝的意义甚至要大于此前的神学家们所理解的。因为在他看来上帝是绝对自由的、绝对万能的，包括不受任何必然性的制约，因此上帝创造这个世界也是偶然的。这样一来，世界上存在的就只有两者：神和神创造的万物。神创造了万物，除此以外别无其他，也无必要设定其他！这就是奥卡姆剃刀的含义，即通过经验这把剃刀把一切不必要的东西如实体之类通通都剃掉，就像柯普斯登所言：

> 实际上所存在的，一方面是神，另一方面则是受造物，根本不必设定任何其他的实在（体）。[11]

这是一个非常简洁的结论，使我们对于世界的了解一目了然！同时，这也是著名的奥卡姆剃刀的使用范例之一。

奥卡姆另一个与经验主义相关的思想，是他对因果关系的理解。

在因果关系上，奥卡姆首先认为万物都是有原因的，他承认亚里士多德著名的四因说，即形式、质料、目的、动力。这四因都是成立的，不过这里的因果关系指的只是事物的存在是有原因的，并不是我们日常所说的因果关系。

至于我们日常所说的因果关系，在奥卡姆看来，它也是存在的，但这种关系并没有那种绝对的必然性，却具备有效性。还有，要如何找到这种因果关系呢？那是不能够通过逻辑推理的，而只能够通过经验。

举例子来说，我们都知道火可以发出热量，即火是热的原因。但我们如何在火与热之间找出因果关系呢？那就只能通过经验了，例如当我们靠近火时就感到热，离开火时就不热了。而且在此期间，其他任何因素都没有发生变化，于是我们就得到了这样的经验：火是热的原因。这就是一个最简单的因果关系了。不用说，由这样的因果关系带来的乃是我们前面讲过的直觉知识，因为它非常简单直接，而且是一种感觉。[12]

奥卡姆关于火与热的这种因果关系显然是一种经验论证，无论"火出现在这块木头上"还是"这块木头变热了"都是一种感觉经验，所以由之得到的知识也是一种经验知识。还有，这种经验知识是正确的，这个因果命题也是真的，正如这个因果关系是成立的一样。

这样总结起来，奥卡姆对因果关系有两点主要的认识：一是因果关系从本质上来说并不是一种必然的联系，不具有逻辑上的必然性；二是因果关系是成立的、具备有效性，但这种成立不是由逻辑推知的，只是一种对经验的总结与表达。

诸如此类，奥卡姆关于因果关系等的思想都已经称得上比较典型的经验主义思想了。

通过前面对爱留根纳、格洛塞得斯特、罗吉尔·培根和奥卡姆的思想的分析，我们可以清楚地看到，经验主义乃是英国哲学历史悠久的传统。这些传统虽然早已经存在，但一开始并没有显山露水，而是沉浸在中世纪的神学传统里。到了后来，随着时间的流逝，这种传统慢慢地不断加强自己的力量，孕育着一种崭新的哲学。

终于，到了文艺复兴后期，在另一个培根——弗朗西斯·培根——那里，这种传统破茧而出，成为一种新的、与中世纪哲学大为不同的哲学——经验主义哲学。

这也是近代西方哲学的第一种形态，可以说标志着近代西方哲学的诞生。

我们还可以打个这样的比方：哲学是汪洋大海，在它的海平面下，经验主义一开始只是小岛，但这小岛在不断地生长、扩大。终于有一天，到了弗朗西斯·培根那里，它成了一片新的大陆，一片与中世纪哲学同样辽阔的大陆。

从下一讲开始，我们就要到这片辽阔而美丽的新大陆上驰骋览胜了。

注 释

1 参见《论光》，见《中世纪哲学》（下卷），赵敦华、傅乐安主编，商务印书馆，2013年3月第1版，第1172页。

2 《论光》，第1177页。

3 转引自《西方哲学史·学术版》（第三卷），黄裕生主编，人民出版社，

2011 年 5 月第 1 版，第 363 页。

4 参见《哲学史讲演录》（第三卷），（德）黑格尔著，贺麟、王太庆译，商务印书馆，1959 年 12 月第 1 版，第 320 页。

5 《中世纪哲学》（下卷），第 1190 页。

6 《中世纪哲学》（下卷），第 1193 页。

7 《中世纪思想的演化》，（英）大卫·瑙尔斯著，杨选译，商务印书馆，2012 年 5 月第 1 版，第 413 页。

8 《西方哲学原著选读》（上卷），北京大学哲学系外国哲学史教研室编，商务印书馆，1981 年 6 月第 1 版，第 292 页。

9 参见《西方哲学原著选读》（上卷），第 292—293 页。

10 参见《西方哲学原著选读》（上卷），第 295 页。

11 《西洋哲学史》（第三卷），（英）柯普斯登著，陈俊辉译，台湾黎明文化事业股份有限公司，1988 年 12 月第 1 版，第 101 页。

12 参见《逻辑大全》，（英）奥卡姆著，王路译，商务印书馆，2006 年 5 月第 1 版，第 341 页。

第二讲　作为贪官的哲学家

　　前面我们讲了英国古老的经验主义传统，正是在这个古老的经验主义基础之上，诞生了近代西方经验主义哲学的开创者之一，弗朗西斯·培根。

　　弗朗西斯·培根人生最大的特点是，他是一个有双重人格的、充满矛盾的人。他就像卡尔维诺《被劈成两半的子爵》里的子爵一样，是善与恶、真与伪、美与丑的混合体，这在整个西方历史上——至少在西方哲学史上——是独一无二的。

　　此外，我们在后面将会看到，培根的人生和他的思想之间有着极为密切的关系，他的许多思想，特别是政治思想，与他的人生际遇紧密相关。

"小掌玺大臣"

1561 年 1 月 22 日，培根出生在伦敦一座叫约克宫的堂皇府第里。

如果讲出身的话，恐怕整个哲学史上都少有人比得上培根。他的父亲是尼古拉斯·培根勋爵。我们知道，英国由落后走向强盛，成为威震西方、雄霸世界的大国，在一定程度上要归功于一个伟大的女人——伊丽莎白一世，而为这位伟大的女王掌管英国国玺的就是培根勋爵，他荣任英国最高贵职位之一的掌玺大臣达二十年之久。勋爵的第二任妻子名叫安妮·库克，出身书香世家，她的父亲安东尼克爵士曾是英王爱德华六世的首席教师。爵士不是个重男轻女的俗人，一贯重视对女儿们的教育。他有三个女儿，均秀外慧中，以学问见长，使当时一些最出色的英国青年为她们倾倒。后来她们其中一个嫁给了未来的首相，另一个嫁给了未来的掌玺大臣。后者正是培根的母亲，她不但精通希腊文，还曾经出版过著作。

当然，基于性别的原因，她不能像丈夫一样在世道经纶上大展身手，于是将满腹才学一股脑儿用来教育她的孩子们，尤其是最小的儿子弗朗西斯。弗朗西斯也不负母望，很早就显示出超凡的天才。他十分早熟，据说父亲常带他去宫廷，不止一次见到伊丽莎白女王，女王看见大臣儿子这少年老成的态度，称他为她的"小掌玺大臣"。

培根 1573 年就进入剑桥大学三一学院，时年 12 岁。

我们知道，三一学院堪称名人的殿堂，将来还有许多我们熟悉的伟人会在那里度过他们的青春时光，如牛顿、达尔文、拜伦、罗素、维特根斯坦，等等。

培根在剑桥的时光过得并不幸福，那些大他许多的同学很少理他，但最让他厌恶的还是经院哲学传统。要知道那时的英国尚处在中世纪，经院哲学统治着学术界，教师们张口闭口就是亚里士多德、柏拉图或者奥古斯丁、阿奎那，就像从前中国的读书人闭口张口就是孔孟老庄一样。但培根对这一切似乎有着一种与生俱来的反感，他认为那些东西一言以蔽之就是废话。从中他看到了自己未来的使命——要将这一切推翻，建立全新的哲学。因此，当他三年后离开剑桥时，就像《培根论说文集》的"绪论"中所说的一样：

> 他是带着这么一种心理走的：对剑桥的学科深为轻蔑；对英国的学校教育制度坚决地认为根本有害；对亚里士多德派的学者虚耗精力于其上的学问有一种应有的藐视；对亚里士多德本人亦没有多大的尊崇。[1]

大学毕业后，培根开始了自己的职业生涯，走上了一条似乎与哲学关系不大的路，就是从政。

后来，在《解释自然》的序言里，他解释了自己那样做的动机，并对自己的人生远景作了一番精彩的自我分析:

　　　　由于我相信我生下来的使命就是为了给人类服务，由于我认为国家有如空气和水是公众的财产，人人有份，因而对国家的爱护也应当像爱护公共财产一样，我便开始考虑怎样才能最好地为人民服务，以及我本人天性最适合的服务是什么。

　　　　在所能给予人类的一切利益之中，我认为最伟大的莫过于发现新的技术、新的才能和以改善人类生活为目的的物品。因为我见到在原始时代的野蛮人中，那做出一些粗陋发明和发现的人们都被尊崇而列入神谱之中。很明显，那些城市的创造者，国家的立法者，"人民之父"，消灭暴君的人和其他的英雄们，他们的功业所及，只能达到狭小的地区，也只能存在一段很短的时间；而发明者的成就，虽然不如前者那样堂皇，却到处都被人感觉到而且是垂诸永久的。

　　　　不过最主要的是，如果一个人能做到的不是作出某种特殊的发明，不管它是如何有用，而是在自然界里燃起一线光明，这一道光将在它上升的过程中触及并且照亮一切围绕着我们现有的知识的边缘地区，然后在这样一点一点地向前扩展的过程中，不久就可以把世界上最隐秘的东西揭露出来，使人们能看得见；那个人（我想）才真正是人类的恩人，是人类对宇宙的统治权的建立者，捍卫自由的战士，克服困难的英雄。

……

我的一生已经到了一个转折点，我的不良的健康提醒我不能再迟延了。同时我考虑到把我自己所能做的好事放下不做，而从事于没有别人的帮助和同意便不能做的一种工作，这在我实在不能说是在履行我所肩负的义务。于是我就把前面所说的那一切想法都放在一边，而遵照我的老决心，以全副精神来从事目前的这件工作了。[2]

这段话很长，在其中我们看到的培根乃是一个对国家和全人类都充满爱心的人，一个正直诚实的人。

然而，众所周知，我们不能仅凭任何一个人的自传对他作出判断，就如在法庭上不能仅凭被告的申辩就对他作出判决一样。

投身政治时，培根年仅15岁，在英国驻法大使馆中当了一个小官。

三年之后，噩耗传来，他的父亲突患暴疾、撒手人寰。

父亲一死，最倒霉的就是培根了。原来，爵士有几个孩子，他原先一直在为每个孩子准备一份丰厚的财产，并且是一个个地来，次序当然是由大到小，他已经安排好了其他孩子，也就是说，他把已有的财产全分给了他们，正打算最后为小儿子猛挣一笔。可他没有想到自己大限已到，死神粉碎了他美好的计划。

结果，当公布遗嘱时，培根发现自己几乎没有得到任何财产。

培根在18岁时人生来了个180度大转弯，由一个衣来伸手、饭来张口的"高干子弟"，沦为几乎一文不名的穷光蛋。

怎么办呢？面对残酷的现实，培根有两条路可走：或者凭他剑桥高才生的履历在哪所大学谋个教书的差事，从此与哲学为伍，在孤独的沉思中度过漫漫人生；或者设法继续在仕途奋力往上爬。

培根毫不犹豫地选择了后一条路。原因很简单：在当时的条件下，对他而言哲学意味着一样最可怕的东西——贫穷，过惯了锦衣玉食生活的培根无论如何受不了这个罪。

培根此前已当了律师，加入了格莱律师公会，它是英国那时候的四大律师公会之一，有着悠久的历史。这是

1576年的事。

此外，他还想凭着亲戚和父亲故旧的帮助往上爬。

然而事情并没有这么简单，一开始他就遭到了一个关键人物的冷落，那就是他的姨父威廉·塞西尔，大英帝国首相和财政大臣。培根曾经给他写了一封求助信，然而没什么效果，姨父根本不理他。

尝尽世态炎凉的培根知道想发达唯有靠自己了，他没有退缩，而是勇敢地迎接命运的挑战，决心用自己的力量往上冲。

这时的英国已经建立起一套基本的民主制度了，即有了议会下院，议员由选举产生，谁有本事得到选民们的支持谁就可以做议员、走近国家权力的中心。那些最成功的竞选者往往既非贵族官僚也非贫民大众，而是唇枪舌剑的律师。培根做的正是律师，他有一副非凡的唇舌，据本·琼生说，培根"有条不紊、干脆利索、言之成理、不闲扯、不空谈。他的每一句话都有魅力……每一位听众担心的事，就是他会结束他的演讲"[3]。他自然而然地把竞选议员当作了进身之阶。

1583年，父亲去世仅四年后，他便当选下院议员，时年只有22岁。此后他连选连任，一直保住了议席。

这时，没得到姨父帮助的培根又遇上了贵人，那就是伊丽莎白女王宠爱的年轻英俊的南安普顿伯爵。伯爵是当时英国最有权势的人之一，喜欢和文人雅士交往，他也是莎士比亚的保护人，当时他同培根的姨父并称宫廷两大势力。他十分看重才华横溢，又经常写些文笔优美的信来拍他马屁的培根，相识不久便将他视为知己，不但经常送些钱给培根，还屡次向女王力荐，请女王给他一个好职位。但培根却一直未能得到女王的赏识，据说主要原因是培根有一次在议会中反对女王增加拨款的要求，因此女王认为他不忠于她，她当然不可能重用这样的人。

没替培根弄到一官半职，伯爵很是过意不去，便送给培根一处漂亮的大庄园，价值几千英镑——大约等于现在的几十万英镑。

但这些还不够，培根一向花钱大手大脚，钱不够就借，结果越欠越多，1598 年甚至因恶意拖欠而锒铛入狱，最后又是伯爵替他还钱，将他赎了出来。

伯爵对培根已经够好了，然而，若伯爵知道他为培根所做的一切将得到什么样的报答，他会恨死自己、骂自己实在是瞎了眼。

当时，伯爵因为某些原因，比如爱发脾气又骄傲自大，渐渐失去了女王的宠爱。后来女王干脆把他从身边赶走，派他去爱尔兰统率军队，结果他打了败仗。他还自顾自从爱尔兰跑了回来，想用甜言蜜语唤回女王的欢心，然而他发现女王的心已永远地离开了他。他伤心至极、愤恨至极，也许是由于先前被女王宠坏了，也许纯粹是因为头脑发昏，竟然搞起了一场反对女王的阴谋，结果被送上了断头台。

伯爵之所以闹到了掉脑袋的地步，多亏了一个人在关键时刻上台作证，用如簧之舌控诉伯爵是个不折不扣的乱臣贼子，阴谋弑君、篡夺王位，应依法处以死刑。

这个证人和控诉者就是培根。

但培根并没有从把恩人送上断头台中得到多少好处，直到伊丽莎白女王于 1602 年去世，詹姆士一世继位。

官运亨通

新王继位之日就是培根终于官运亨通、夙愿得偿之时。

詹姆士一世是伊丽莎白女王的侄儿、苏格兰女王玛丽·斯图亚特之子，是个自视有才、附庸风雅的人，不但喜欢作诗，还喜欢看戏，曾把莎士比亚的环球剧场改为"王家供奉"，还封了莎士比亚做"王后寝宫近侍"。英国的君主专制就是在他手里由受人欢迎变为惹人讨厌的，这为以后他儿子的灾难埋下了伏笔。

他刚一继位，培根立即呈上了一封贺信，用言辞堂皇的拉丁文写就，信中说："在陛下的臣民中，我比任何人都更热切地渴望为陛下效力。"

他的效忠得到了回应，几天后，在詹姆士一世的加冕大典上，他被封为爵士，不久还当上了国王的顾问。

但这还仅仅是开始。1605 年，培根出版了他的哲学巨著《崇学论》。这部著作的书名有不少的译法，如译为《广学论》《增进科学论》《论知识的进展》或《论学术的进展》，等等。

培根将书题献给詹姆士一世，献词中的话今天听上去简直令人浑身都起鸡皮疙瘩，例如：

且不说陛下的德性及幸运中其他部分，单只陛下所有的那些哲学家所称为智慧的德性及才力，已使我满心惊异、钦仰莫名。如才具的伟大、记忆的准确、了解的迅速、判断的透彻、言词的爽利、语句的有次，陛下无不兼而有之，所以我常常想，要在我所知道的当代人中选一位来向人证明柏拉图的意见，陛下便是最好的例证。[4]

还有：

再说到陛下的智慧方面，亦是一样的才学兼优，天禀资质，既优美绝伦，学问造诣又淹贯博通。我敢说，自从基督降生以来，世上的君主，论文艺的优美，论学问的宏博，不论在神学方面、俗学方面都赶不上陛下的精通豁达；并且我相信这话并不是故为铺张、漫无根据，实在是确有所本、立言得体的。[5]

他甚至认为，他的国王不但比得上古代最伟大的哲学家如柏拉图，还比得上最伟大的君主如马可·奥勒留或者恺撒！总之是古今中外最最伟大的、独一无二的君王了！

不用说，这使他得到了国王更大的欢心，因此成了国王的御前红人。

1606 年 5 月，培根结婚了，对象年轻漂亮，能当他的女儿，但更重要的是非常有钱，是巨额遗产的继承人。据说婚礼盛大隆重、轰动一时。当时的一封私人信件以略带诙谐的口吻说：

> 弗兰西斯·培根爵士昨天在马瑞本教堂和那位小妮子结了婚。他从头到脚都是紫红打扮，他和他的夫人都是盛装披挂，金银线锦，富丽非凡。这些衣装大概把她的陪嫁吃掉了不少。[6]

这时候培根已经 45 岁了，早过了一般人结婚的年龄，但这并非说明培根之前不想结婚，而是情势所限吧。因为培根一向认为男人是应该结婚的，他曾说过这样的话：

> 妻子是青年人底情人，中年人底伴侣，老年人底看护。所以一个人只要他愿意，任

何时候都有娶妻底理由。[7]

此后培根被任命为副检察长，不久由副转正，成为检察长。到 1617 年，他更升一步，正式进入英国的权力中心——内阁，担任他父亲曾做过的掌玺大臣。

又过了一年，他再升一步，担任了大法官，同时被封为维鲁兰男爵，加入了世袭贵族俱乐部。

两年后，他的贵族等级又进一阶，被封为圣亚尔班子爵。同年，《伟大的复兴》出版，引起了巨大的反响。

至此，培根的人生走到了顶点。就像他的传记中所说的一样：

> 1620 年，大概是培根一生中最辉煌的一年。官职已经高得不能再高，英格兰大法官已是宫廷文官中的最高职位。《伟大的复兴》一书一出版，便风行欧洲，又为他赢得了极大的名声。随着职务的升迁，一直困扰培根的经济状况也大大改善。1608 年，他的收入是 5000 镑，1618 年则增加到 16000 镑。至此，培根一生的事业可算是登峰造极了。高官、厚禄、学问、名望，他已经统统拥有。[8]

大致在这一年，培根还有了一个新秘书，他名叫霍布斯，就是后来伟大的哲学家霍布斯。

据说培根对霍布斯很满意，培根的第一个传记作者奥布里在书中说：

> 他（培根）经常说，他对霍布斯先生很满意，因为霍布斯能领会他的思想，知道他写的是什么意思，而其他人常常无法领会他的思想，以至于他经常都不知道他们记下来的是什么东西。[9]

这是不用说的，霍布斯自己就是了不起的哲学家，思想的深刻性不亚于培根，他怎么会不理解培根的思想呢？但霍布斯可能对培根并不是那么满意，因此不久就离开了。

贪污犯

就像登山一样，走到顶点后当然得走下坡路了。培根是在1621年走上下坡路的。这一年他东窗事发，被控受贿。这是一件将培根从天堂打入十八层地狱的事，也是震荡英国朝野的大事。

首先我们可以肯定，培根接受了贿赂，这是从来没有人否认过的，包括培根自己。至于接受了谁的、是在一个什么样的案件里接受的、接受了多少次，这些就不得而知了，我们知道的是培根在事发后的表演。

培根一开始对这些指控完全不承认，但后来由于事态进一步恶化，迫于国会和举国舆论的压力，他开始作答了。他的回答不复杂，简言之就是认罪，表示愿受法院的裁判，并请求国王帮助，减轻对他的处罚。结果是，他被判处缴纳一大笔罚金：40000镑，这是罗素的话，黑格尔说是4000镑；监禁在伦敦塔中，期限由国王来定；贵族称号被夺，免除一切职务且终生不得再担任任何官职。

至此，培根的罪行就一目了然了，而且也理当接受法律的惩罚。然而事情并不是这么简单。由于培根在议会一贯为詹姆士一世的苛捐杂税辩护，因此国王对他一向青眼有加，现在当然也不想把他怎样。判决一完，国王只得暂时将培根送进了伦敦塔。但两天后培根又活蹦乱跳地回到了家里，那笔巨大的罚款他也一个子儿没付，因为国王全给他免掉了！据说他在给国王的信中说："现在要打击你的相师的人恐怕将来也要打击你的王冠。"果然，二十八年之后，詹姆士一世的儿子查理一世就被议会砍了头，培根的确是有"先见之明"。[10]

不过，他无论如何也不能再当官了，只好回老家当起隐士。

关于培根的这次犯罪，也有好些人替他说话，大体有两个借口：第一，在培根所处的时代，法官受贿是一种普遍现象，所以培根受贿也没什么了不起；第二，培根受了贿后并没有影响他判决的公正性，这也是培根自辩时所说的话。

对于这两个辩解我不想多说，只是感到有点奇怪，为什么竟然有人用这样的话来辩解？如果第一个借口成立，那么结论就是：任何受贿都是合理的了，因为任何受贿者都可以这么说。而且，难道一个罪行只有在少数人犯时才应当受到谴责么？多数人犯了的话就应当受到宽宥么？如果这样的话，纳粹德国时期迫害犹太人就是合理的了。因为那时迫害犹太人不但是普遍的，甚至是合理合法的呢！

因此，这种辩解当然是极其荒谬且不负责任的。合理的结论应当是：正因为贪污受贿已成为一种普遍现象，所以更应受到谴责、重罚，因为一种罪行如果只有少数人犯，那么它所侵害的也只会是少数人，而如果成了一种普遍现象，那么它对社会所产生的危害也会更大，如果不严加治理，将危及整个人类社会。

至于第二个借口，说穿了就是：拿了人家的钱，却不替人家办事。实际上这更显示了一个人的品德。中国有句古话，"受人之托，忠人之事"，又有"季布无二诺，侯嬴重一言"之典故。这里当然不是说培根应当枉法判决，只想说明，通过培根的这个自辩说明了他不是一个受人之托、忠人之事的人，不是一个信守诺言的人，而只是一个既贪财好利、又言而无信的小人。

其实，培根贪污受贿的原因很简单，就是要钱。为什么要钱呢？因为他过着极为奢侈的生活，而且一向挥霍成性，据说仅服侍他的男仆就有四十个，还有许多其他仆人。不但他自己衣着华贵，为了摆阔，他仆人们的着装也都非常华贵。衣服如此，其他的马车饮食之类就更不用说了，这一切需要多少钱哪！结果就是他虽然收入极丰，但仍入不敷出，为了维持这种奢靡生活，他需要钱、很多的钱，这就是他受贿的简单而真实的原因。

在此我们还可以联想起培根自己对财富、贪污与司法的各种说法。

例如关于财富，他说：

> 巨大的财富并没有什么真实的用处，它只有一种用处，就是施众，其余的全不过是幻想而已。[11]

关于贪污受贿，他说：

> 关于贪污，不仅要约束自己底手和仆役底手，毋使接纳贿赂，并当约束有所请求的人们底手，毋使呈献贿赂。[12]

关于法官的贪赃枉法，他说：

一次不公的判断比多次不平的举动为祸犹烈。因为这些不平的举动不过弄脏了水流，而不公的判断则把水源败坏了。[13]

这些话的含意是很清楚的，也说明培根对财富、贪污与司法都有清晰且正义的认识，只是他的所行与所言是南辕北辙、自相矛盾而已，用中国人的话来说，就是"自己打自己的嘴巴"，思来真是可笑亦可恶！

被迫回归田园生活后，培根一方面为了忘掉过去的荣华富贵，在现实中找到生活的新支柱，另一方面也确实出于对哲学与科学久已有之的爱好，一头扎入了观察、沉思与创作之中，写出了大量杰作，如《崇学论》的拉丁文增补本、包括了五十八篇文章的《培根论说文集》新本、《林中林》片段等。不但有哲学，还有许多其他著作，特别是历史著作，如《亨利七世史》《亨利八世史》，还为《大不列颠史》拟了大纲，等等。这些作品都产生了重要影响，受到后人包括伟大的哲学家洛克的赞扬，认为是有哲学意味的史学著作之典范。

所以，培根犯事于他自己当然是倒大霉了，而对于科学未始不是好事，这令他虽然在世时臭名远扬，死后却能流芳百世、永垂不朽！

这就是"塞翁失马，焉知非福"！

这样的日子一共过了五年，这时历史的时钟已经走到

1626 年 3 月了，正是英格兰春寒料峭的时节，大地还覆盖着洁白的雪。

这天，在伦敦到海格特的大路上出现了一个瘦高的人影，他脸色苍白，看来不怎么健康，骑在马上，冻得将脖子深深地埋进了大圆领里头。他一路信马由缰地走着，当走到一座小房子前面时，停了下来，像有什么急事似的，匆匆下了马，朝门口走去。房里的主人，也在寒风中瑟缩着肩膀，迎了出来，牵马的人对他说了几句什么话，房主人进去了，一会儿又出来了，手里抓了只刚学会打鸣的小公鸡，另一只手还捏着把刀。骑马人给了他几个钱，他俩便在路边忙碌开了。过了会儿，那只鸡在他们手里扑腾了一阵子，便两腿一伸安安静静了。骑马人接过死鸡，又从地上抓了一把雪，塞进鸡肚子。

突然，他浑身一颤，仿佛受了什么击打似的，风中之烛般摇摇欲坠，鸡也掉到了地上。

房主人忙把他扶住，骑马人说了句什么，便由房主人扶着进屋去了。这个刚刚还骑着马，现在看样子得了病的人就是弗朗西斯·培根。

他刚才杀鸡是为了做一项实验，看看能否用雪防止尸体腐烂，结果受了风寒。

这次风寒彻底击溃了培根本来就比较脆弱的健康，不久他就死了。

培根去世于 1626 年 4 月 9 日，享年 65 岁，遵照他的遗命安葬于圣尔本斯的圣迈考尔教堂中他母亲的墓旁。

据说培根去世时负债22371镑，而他的遗产只有约7000镑，因此他实际上没有留下任何遗产。他的妻子也没有为他生孩子，在他死后还另嫁他人，而且据说在丈夫生前就已经另有所爱。

这就是一个伟大哲学家兼高官的结局，思来令人唏嘘。

培根曾在遗嘱中写下了这样的话：

> 我把灵魂遗赠给上帝，
>
> ……
>
> 把躯体留给一抔无名的黄土，
>
> 把名字留给未来的时代和异国他乡的民
族。[14]

从这遗嘱中看得出来，培根相信他将不朽，他的名字将在未来的日子传遍全球。在这一点上他是对的，他的确将永垂不朽。

但他留给后人的还有深深的遗憾。一方面，在他著作的自述中，我们看到的是一个全心全意为国为民、尊重法律的正直之士。可以相信，培根如此抒写时是真诚的，他真的愿做这样的人，甚至真的相信自己是这样的人；然而，另一方面，我们在他的生活实践中看到的却是一个挥霍无度、贪污腐化、藐视法律、不讲信义的奸吏小人。

伟大的作品不等于伟大的人格，正如冠冕堂皇的言辞不等于高贵正直的行动。

注 释

1 《培根论说文集》之"绪论"，（英）培根著，水天同译，商务印书馆，1983年7月第二版，第5页。

2 《弗兰西斯·培根》，（美）约翰·拉塞尔著，吕澎等译，河南大学出版社，2018年3月第1版，第43—45页。

3 转引自《探索的思想》（上），（美）威尔·杜兰特著，朱安等译，文化艺术出版社，1991年5月第1版，第117页。

4 《崇学论》，（英）培根著，关琪桐译，商务印书馆1938年6月第1版，第1页。

5 《崇学论》，第2页。

6 《弗兰西斯·培根》，第58页。

7 《培根论说文集》，第27页。

8 《培根传》，王义军著，河北人民出版社，1997年1月第1版，第128页。

9 转引自《霍布斯传》，（美）马蒂尼奇著，陈玉明译，上海人民出版社，2007年1月第1版，第77页。

10 参见《培根论说文集》之"绪论"，第17页。

11 《培根论说文集》，第126页。

12 《培根论说文集》，第39页。

13 《培根论说文集》，第193页。

14 《探索的思想》（上），第154页。

第三讲 知识与力量

从本讲开始我们来具体分析培根的思想。我们首先简单地看一下培根思想的整体特征。

培根思想的整体有一个主要特点，就是它有一个明显的中心——知识。

我们知道，培根最著名的哲学名言是"知识就是力量"，这句话也可以看作培根整个思想的核心。因为他的哲学体系主要是围绕知识而来的。首先是知识有什么重要作用，然后是我们如何获得知识。甚至可以这样说：理解了培根对知识的理解，也就理解了培根的主体思想。

要理解培根的这句名言与其思想的核心，当然首先要了解他为什么会提出"知识就是力量"。

为什么人类有力量?

　　培根之所以提出这样的思想,与他对知识的理解有关。

　　这种理解就是,知识——无论是整个知识体系还是对知识的爱好——主要指有关自然的知识,甚至可以简称为自然科学知识。培根思想的主要目标,就是建立起一套有关自然的知识系统并将之上升到哲学的高度。简言之,培根试图重构自然科学——他称之为自然哲学。

　　我们知道,自然哲学是早在古希腊时代就有的,也是古希腊哲学最早的形态。古希腊哲学从最早的泰勒斯开始直至苏格拉底之前都是这种形态,只是苏格拉底使之发生了转向,使哲学从关注自然转向了关注人,特别是关注人的道德。但培根对这种转向是相当不满的,他认为自然哲学才是真正的有意义的哲学,将哲学从自然转向人并非哲学的进步而是退步甚至是堕落,而他的哲学的使命就是要重构并且捍卫古老的自然哲学。正如《哲学百科全书》所言:

　　　　在捍卫自然哲学的过程中,培根重构了它;他对其自主性、合法性以及作为文化中心的角色之构建与柏拉图之捍卫那些"静态"的道德如正义与节制等的自主性与中心性不分轩轾。两者都不可逆地改变了他们生活于

> 其中及其以后的文化——最重要的是也包括
> 我们自己的文化。[1]

在这里我们可以清楚地看到培根思想的一个特性，就是他对古希腊哲学的认识和我们今天的认识是大不一样的。在今天看来，西方哲学中最伟大的乃是从苏格拉底开始的哲学，苏格拉底之前的哲学即自然哲学不过是哲学早期的原始形态，无论深刻性还是重要性都远远不及从苏格拉底开始的新哲学，而苏格拉底之后的柏拉图与亚里士多德将古希腊哲学推向了高潮，这在今天的西方是一个常识了。然而培根认为，古希腊哲学中最伟大与最重要者并非苏格拉底、柏拉图或者亚里士多德的哲学，而是他们之前的自然哲学。

相应地，他也认为真理在自然哲学家们那里比在柏拉图或者亚里士多德那里更多。当然，培根也看到了他这种说法是不符合传统的，因为柏拉图与亚里士多德的地位远远超过任何自然哲学家，一个明显的证据就是自然哲学家们的著作大都失传了，而柏拉图与亚里士多德的著作则流传下来了。对此培根是这样解释的：

> 较早的希腊哲学家们，如安庇多克里斯、
> 安那撒格拉斯、刘开帕斯、德漠克利塔斯、
> 帕米尼底斯、赫拉克利特、忍诺芬尼斯、弗

罗劳斯以及其余诸人（至于毕达哥拉斯，我把他当作一个神秘主义者置而不论），以我们所知，则都不曾开设学校；而是较沉默地、较严重地和较单纯地——也就是说，带有较少的虚矫和炫示的意味——投身于对真理的审究。正因如此，所以照我看来他们也是比较成功的；不过他们的事功却在时间进程中被那些有较多东西来投合流俗能力和嗜好的琐屑之辈所掩蔽了：时间有如河水，总是把轻的、虚胀的东西流传给我们而任有分量的东西沉没下去。[2]

在这段话的前面部分，培根赞扬了古希腊的自然哲学家们，不过这里的译名和我们今天通用的不同，安庇多克里斯、安那撒格拉斯、刘开帕斯、德漠克利塔斯、帕米尼底斯、赫拉克利特、忍诺芬尼斯、弗罗劳斯，我们今天分别译为恩培多克勒、阿那克萨戈拉、留基伯、德谟克利特、巴门尼德、赫拉克利特、克塞诺芬尼、菲洛劳斯。培根认为，这些自然哲学家没有开设学校去兜售自己的学问，而是沉默且严肃地做着自己的研究，并且他们之所以研究只是为了追求知识，而不是为了炫耀自己之有知。正因为如此，他们也掌握了较多的真理。然而，时光之流却并没有因为他们掌握了较多的真理而将他们的思想与著作保留下来，相反，时光就像水一样，只是将那些没有分量的轻飘飘的东西——也就是较少真理的东西——保留下来，而使有分量的沉甸甸的东西——也就是较多真理的东西——沉下去。

要评论培根的这种说法是有点困难的，因为他说得似乎有道理，但仔细一想却又不对劲。因为在他看来，柏拉图与亚里士多德是比不上德谟克利特或者赫拉克利特的，但倘若我们读过他们的著作——赫拉克利特与德谟克利特也有著作的片段流传至今——却很难得出这样的结论。还有，倘若培根的说法正确，那整个西方哲学史都要重写了，因为此前的西方哲学史可恰恰是以苏格拉底、柏拉图与亚里士多德的思想为基础写就的，他们就像西方哲学史大厦的第一层甚至地基一样。倘若这个地基不行了，那整个西方哲学的大厦当然得重建。

所以，尽管我们承认培根对于哲学史的贡献，但这可不说明培根关于哲学史所说的都是正确的。事实上，个中问题确实不少，这里只是其中之一而已。

自然哲学的研究对象当然就是自然了。培根认为，人类自古就重视对自然的探索与研究。为什么呢？道理很简单，因为不像有关道德的或者人的知识只是一些知识或者行为的准则，有关自然的知识能够产生伟大的、实实在在的东西，这些东西对人类的生活会产生极大的影响，并带来巨大的好处，因此，自古以来就得到人们最高的崇敬。

对此，他在《崇学论》里说了一段颇有分量的话：

> 凡建邦联国，造城合市的人们，立法家，推翻暴君者，为民之父者，建有功勋者，都被人给以英雄或半神的尊号，类如海鸠里、塞色司、明诺、罗马乐等等。反之，凡发明家、制作家，能给人以利用厚生的艺术，供献同品物的，都被人尊为神明，以配诸神，类如塞雷斯、拔克、莫鸠里、亚波罗。这当然是很合理的，因为前一种人的功绩限于一时代或一国家的范围内，就如甘雨似的，虽施惠降泽，然亦只能在一季里，只能在降雨的那片地方，发生效力；至于后一种人的功绩，正如上天的德化，是永久的，是遍乎大宇的。并且前一种人不能免于杀伐征战，扰乱众生，后一种人乃真象征神明的降临，来的时候，气息文稳，绝声息响，不使万物发生丝毫的惊恐。[3]

这里的一些人名与神名和我们现在所用的不同，是民国时代的译法，需要注明一下，如海鸠里我们现在一般译为赫拉克勒斯，塞色司一般译为忒修斯，明诺一般译为米诺斯，罗马乐一般译为罗慕洛斯，这几位都是古希腊或罗马神话中的英雄，是神与人结合的后代，即半人半神，如赫拉克勒斯乃古希腊神话中最伟大的英雄，是宙斯与凡女生的儿子，罗慕洛斯则是罗马城的始建者，爱神维纳斯与凡人生的孩子的后人。塞雷斯一般译为刻瑞斯，拔克一般译为巴库斯，莫鸠里一般译为墨丘利，亚波罗一般译为阿波罗，这几位都是神了，如刻瑞斯是谷神即农业之神，巴库斯是酒神，都是古希腊罗马神话中比较有名者。

此外，他还分析了为什么发明家们应当被尊为神且要超越那些伟大的政治家与英雄们：这是因为战争英雄与政治家一般来说只会帮助其所在的国家，会为他国带来战争与灾难，而发明家不但带来的是各种巨大的好处，而且其恩惠不止于某国，而是及于全世界的人。所以，从"利益"这个角度来说，发明家当然是比战争英雄与伟大政治家要伟大的，更值得我们尊敬。

关于这一思想，培根在《新工具》中也有所叙说。[4]

培根这样的说法是很有意思的，也有一定的道理。例如前面的英雄们的确都是伟大的政治人物或者战争英雄，也的确是半人半神的。而后面的也的确是神，并且从某个角度上说也是伟大的"发明者"，如刻瑞斯是大地和丰收女神，掌管农业，她给大地以无限生机，她的发明则是教授人类耕种。从某个角度上说，对于人类而言，她是耕种的发明者。巴库斯是罗马神名，即希腊神话中的狄俄尼索斯，就是酒神，他的发明就是葡萄酒了。另外他还把种植葡萄和采集蜂蜜的方法教给了人类。他也是许多哲学家如尼采最爱的神。

如此等等，这些神的确又是发明者。于是培根在这里巧妙地进行了这样的推演：这些人之所以成为神，并非因为他们本来就是神，而是因为他们是伟大的发明家，人们是最尊敬发明者的，于是将他们尊为神，地位高于那些伟大的战争英雄与政治家。这种推理很有"灵机一动"的味道，略微有点牵强，但也是可以理解的。为什么呢？因为他说的有一定道理，科学与发明的确会为人类做出伟大的贡献，人们之所以能够有今天的生活，与科学和发明的确有着不可分割的关系。实际上，我们生活中的一切，从吃的五谷到穿的衣服和用的各种器具，无不是科学与发明的结果。倘若没有这些东西，我们人类只能处于茹毛饮血的原始状态。正是因为有了那些伟大的发明，人类才真正成为人类，拥有文明。所以，科学与发明对我们的意义的确很大，怎么赞美也不过分。对于科学与发明的这些伟大意义，培根又有一段很有力的说明：

> 让人们想一想在欧洲最文明的区域和新印度最野蛮的地方，人们的生活是怎样大不相同，他们就会感到"人是人的上帝"这句话乃是有道理的，不仅从人们所得到的帮助和福利来说是这样，从生活情况的比较来说

也是这样。而这个差别却是从何而来呢？这无关于土壤，无关于气候，也无关于人种，这个差别只在方术。[5]

这里的"方术"指的就是技术或者说科学与发明之类，"新印度最野蛮的地方"的人们指的是美洲的印第安人。培根认为，生活在欧洲最文明世界的人们之所以能够过上最文明而先进的生活，那些印第安人之所以过着最悲惨的生活，和他们生活的地方与气候甚至人种都没有关系，关系只在于欧洲人拥有科学，有各种发明创造，印第安人则没有这些。

显然，至少从表面上看，培根所说的话是有道理的，而且非常清楚。我们只要想想，倘若没有这些发明创造，我们的生活会有今天的方便与舒服吗？显然是没有的。

所以，东方与西方、先进与落后之间的差别至少从表象上看主要就是科学与发明之间的差别。

在培根看来，这就是科学的伟大意义，也是科学较之政治与军事更加重要而伟大之处。因为它能够为全人类而不是某一国一族带来福祉。就像汽车、飞机、电脑，虽然是由欧美人发明的，但现在全世界的人们都在使用。又如中国的四大发明，也不只有中国人用，西方人也在用。

不难看出，正是这样的观点构成了培根重要而独特的思想，就是认为科学家与发明家比政治家与军事家来得伟大而高尚。

他还把人类的野心分为三个等级，第一等级是只想在本国称王称霸，他认为这种野心是"鄙陋的和堕落的"；第二等级则是要在不同的国家之间扩张自己国家的权力和领土，这种野心比前者要好些；但最伟大的是第三等级，它是要面对整个宇宙来扩张人类的权力。在他看来，这种"野心"才是真正了不起的，是比前两种野心"更为健全和较为高贵的"。那么，要怎样才能实现这第三种野心呢？培根说，靠的当然只有科学与发明创造了。[6]

培根的这种思想是很伟大的，有着超凡的眼光，遗憾的是并没有得到人们的广泛认可，因为人们最为崇拜与向往的并非那些伟大的科学家与发明家，而恰恰是政治家与战争英雄。如西方人崇拜的是亚历山大大帝、恺撒、拿破仑，中国人崇拜的则是秦皇汉武或者成吉思汗，这些人哪个不是政治家与战争英雄？

当然，历史上并不只有培根有这样的思想，西方与中国的其他人也有，例如西方的梅叶，他公开谴责当时法国人最崇拜的"太阳王"路易十四，说路易十四"号称大王当然不是因为做了任何伟大而值得赞扬的事业，他根本没做任何配得上这个称号的事，而只是因为他的极不公正的行为，在陆地和海上到处进行的大抢劫、大侵略、大毁灭、大破坏、大屠杀"[7]。还有赫尔德，他也认为"征服许多国家的英雄精神不仅是人类的死神，而且从他的才能看来，也远不配享有人们沿袭希腊人、罗马人和野蛮人的传统给予他的那种敬意和荣誉"[8]。

这样的人在中国则是伟大的鲁迅先生了，他的《拿破仑与隋那》一文是最深刻的作品，其中指出：

> 拿破仑的战绩，和我们什么相干呢，我们却总敬服他的英雄。甚而至于自己的祖宗做了蒙古人的奴隶，我们却还恭维成吉思汗；从现在的字眼看来，黄人已经是劣种人了，我们却还夸耀希特拉。[9]

隋那就是琴纳，发明种牛痘以防天花者，鲁迅在这里表达的意思和培根、梅叶与赫尔德是一样的。这样的思想不能不令我们深刻反思。

正是由于有了上述的思想并深刻地认识到了科学的伟大意义，培根才提出了那个响亮的口号：知识就是力量！

这也是培根最响亮的哲学名言，直到今天还响彻云霄。

至此我们就讲清楚了为什么培根要提出知识就是力量。下一个问题是，培根究竟是在哪里提出这口号的呢？

培根是在其最重要的著作《新工具》中提出这句口号的，在这里他有一段更加详细的说明：

> 科学的真正的、合法的目标说来不外是

这样：把新的发现和新的力量惠赠给人类生活。[10]

培根在这里说得很清楚：科学真正的目的就是将新的发现——其实也就是新的力量——给予人类，这里的科学就是指知识了。因为我们前面说过，对于培根而言，他所称的知识实际上就是科学知识。在他看来，科学之所以伟大，就是因为它与创造发明有关，它能够创造发明有益于人类的东西，而这些东西换言之就是人类的力量：因为它们给人类以力量！这就是知识就是力量的具体诠释。简言之就是：知识使人类有力量，所以知识就是力量。我们可以将此视为培根思想之核心与终极的目标。

在《新工具》里，培根还指出了知识之力量的具体表现，那就是三种发明，他认为，这三种发明具有伟大的力量，这种力量是比"任何帝国、任何教派、任何星辰"都要大的：

> 我们还该注意到发现的力量、效能和后果。这几点是再明显不过地表现在古人所不知、较近才发现而起源还暧昧不彰的三种发明上，那就是印刷、火药和磁石。这三种发明已经在世界范围内把事物的全部面貌和情况都改变了：第一种是在学术方面，第二种

是在战事方面，第三种是在航行方面；并由
此又引起难以数计的变化来；竟至任何帝国、
任何教派、任何星辰对人类事务的力量和影
响都仿佛无过于这些机械性的发现了。[11]

这里的磁石实际上就是航海时所必需的指南针。在培根
看来，这乃是人类三种最伟大的发明，也是最有力量的
发明，遗憾的是他并不知道这三种发明的创造者都是我
们中国人。

我想，倘若他知道，就不会那么看不起我们中国人了。
培根看不起中国人吗？的确是的，他在著作中表达得很清
楚。我们现在顺便来谈几句。

培根在其作品中关于中国的言论不多，但几乎都是批
评。例如他在《新工具》中说，中国人不了解音乐学中关
于和声学的知识，中国的文字中也没有字母，意指中国的
文字是原始而简陋的。[12]

特别是在《新大西岛》中，他对中国的批评可以说是
毫不客气。例如他说，中国一直有一种古老的法律，就是
未经许可不准外邦人入境，他认为这是一种"很坏的法律"，
因为它"使中国人民成为古怪、愚昧、怯懦和蠢笨的民族"[13]。

他还说，中国虽然限制外国人进入，但中国人自己却
可以随意航行到各处，"这就说明他们限制外邦人入境的
法律是一种怯懦和恐惧的表现"[14]。

他甚至还说，在大西岛上的人们也像中国人埋藏陶器一样在许多洞穴里埋藏了各种各样的陶器，不过大西岛上的种类"比中国的陶器更多，形式更美"[15]。

我们知道，中国的瓷器（培根在这里实际上指的更可能是瓷器，因为只有瓷器才广泛地从中国输往欧洲，陶器并非如此）之精美在当时是举世无双的。

当然，也不能说培根对中国的抨击全无道理，当时的中国的确有这样的措施，这就是明朝的海禁，禁止国人出海，也限制外国商人到中国进行贸易。不过这样做在历史上是有理由的，是为了抗击倭寇。但培根不了解这些，就认为中国海禁是因为怯懦。

参透自然的奥秘

培根之所以认为知识就是力量，主要是因为知识乃是与理性相联的，因此自然而然地具有比较大的力量。培根还将与理性相关的知识之力量比喻为弓箭：它不但可以使人易于中靶——可以理解为易于获得知识，而且可以使我们拉弓的力量增大——获取知识的力量增强，从而也拥有更为强大的力量。

> 研究理性的艺术，是一切艺术中的艺术。
> 这种知识，不但能指导人，而且还能证实人

的心思，加强人的信仰，就如习射似的，不但可以使人射得易于中靶，而且还能使人拉起弓来，力量增大。[16]

在《崇学论》里，他还指出：

能指挥知识就是能指挥人的理性、信仰同理解，而理性、信仰、理解乃是人心的最高作用，并且可以规划意志的方向。因为除了知识同学问而外，尘世上再没有别的权力，可以在人的心灵同灵魂内，在他们的认识内、想象内、信仰内，建立起王位来。[17]

培根在此指出，知识不但是与理性相关的，而且是比理性更强大的，因为它能够指挥理性，而不是相反。知识不但能够指挥理性，而且能够指挥信仰与理解，它们乃是人心中最强大的力量，是比人的意志更为强大的。这样一来，知识自然拥有最为强大的力量了。

不过，这番话有些难理解，貌似与我们的常识不大符合，因为在常识看来，理性与信仰才是最为强大的，知识怎么能够比它们更为强大呢？似乎没有道理啊！

要理解这一点，我们可联系培根举过的一个神话中的例子。在这个神话里，众兽因为听了美妙无比的音乐，都没有了兽性，和和睦睦待在一起，但只要音乐一停或者受到了别的音响的干扰，就立即会恢复本来的兽性。培根说人正是一样，只是他们所听的不是音乐而是知识：

人们正同兽一样，亦是野蛮不化、贪婪多端、报复成性的。所以人们若是不能接收教条、服从法律、信仰宗教，则社会和治安便不能一息存在。然而所谓教条法律宗教正有待于雄辩的劝谕、书籍的解说、讲演的诱导才能入耳中听，所以雄辩书籍讲演等等正有类于乐音，如果音响一绝或者受了叛变纷扰竟然听不着了，一切事情定会解体归于混沌纷乱的状态。如果国王本人或者他们手下的大臣或者其他共和国家的官吏都富有学问，则上进的情形更为显然。柏拉图曾说过："如果国王是哲学家，或者哲学家是国王，那么人民同国家就有福了。"因为君主们不论如何耽于情欲，乖于常规，只要富有学问的光耀，自然可以具有宗教、政策同道德的意念，可以使他们免于元恶大错，而不致败国亡家，纵然顾问同仆役默不作声，而所学所闻犹能时时耳语，加以警告。[18]

培根这段话的内容是丰富而深刻的，也不难理解。他的中心意思就是说，人的本性是很坏的，只有通过法律与宗教才能使人类平和下来安定地生活，而宗教与法律怎样才能实际地起作用呢？那就要依赖于有知识者对人们的解说与劝导了。这些有知识者倘若成为国家的统治者，那么就能做到有效地将法律与宗教导入人们的耳中与心中，从而使人们遵守法律、信仰宗教、拥有道德。这样一来，人们就会理性地行事，整个社会就会井然有序了。

他在这里还引用了柏拉图的名言，就是说倘若国王是哲学家，也就是国王拥有了丰富的知识，这样一来他就会有理性，会克制不应有的种种欲望，就会尊重宗教与道德，这样的王自然会是明君。有了这样的王，即使他的臣子们没有提供良好的劝导，王所拥有的知识也会做到这一点。

培根这话听上去是有道理的，基本上也符合历史事实，例如西方历史上有两位可以称为哲学王的真正的王，古罗马的马可·奥勒留和德国的腓特烈大帝。前者乃是五贤帝之一，后者也带领普鲁士走向了繁荣昌盛。他们都是富有知识特别是哲学知识的，生平也的确没有行什么恶事。而他们之所以如此，之所以能成为明君，与他们掌握了丰富的知识当然有关。

培根还认为，知识之所以是力量，除了因为其和理性相关，还因为它能够使我们掌握事物的真实特性或规律，即"法式"，进而能够让我们获得真理与自由。对此他说：

可是如果有谁认识到法式，那么他就把握住若干最不相像的质体中的性质的统一性，从而就能把那迄今从未做出的事物，就能把那永也不会因自然之变化、实验之努力以至机缘之偶合而得实现的事物，就能把那从来也不会临到人们思想的事物，侦察并揭露出来。由此可见，法式的发现能使人在思辨方面获得真理，在动作方面获得自由。[19]

这里的核心词是"法式"，培根对法式的理解在不同的地方含义是不一样的，有时候指的是前人的成见之类，是错误的，有时候又指上面的有关事物的真实特性或规律，是正确的。不过这在具体情形之中不难分辩。[20]

培根在上文中的意思是这样的：一旦我们拥有了知识，就能够认识事物本身。前面说过，培根的知识主要就是科学知识，即自然万物之知识，因此拥有了知识也就是理解了自然万物，而所谓理解自然万物指的就是理解那存在于万物之中的规律。一旦掌握了这种规律也就是对自然有了真理性的认识，即掌握了存在于自然之中的真理。在此基础之上，我们就可以驾驭自然万物，利用其为我们服务了。这时候，我们就可以说获得了一种行动之自由。

培根的这种说法诚然是有道理的，举个与行动相关的例子。我们为什么能够发明汽车与飞机还有潜艇？无非就是因为我们通过观察自然万物，理解了水上与水下的运动，还有它们的规律，由此就可以制造汽车、飞机与潜艇了。换言之，这一切都来自知识，是我们拥有知识的结果。所以我们很难想象，一个人若是没有知识，即没有有关自然万物的知识，怎么可能发现这些规律并且发明汽车、飞机与潜艇呢？这显然是不可能的。

所以，我们之所以能够获得真理、拥有行动之自由，根源就在于我们拥有知识，这是非常清楚的。

正因为如此，培根又说了这样的话：

> 经过很好的考校和界定的关于朴素性质的知识正像光一样，它指明了通向自然作坊中一切秘密的门路，实际也含有并拖带着成群结队的事功在后面，它也给我们打开了最高贵的原理的源泉。[21]

培根在这里说的就是，当人类正确地认识了自然的真理性的知识，即"经过很好的考校和界定的关于朴素性质的知识"，它们就会像明灯一样照亮我们前面的道路，使我们不但可以参透自然的奥秘，还能找到存在于自然之中的"最高贵的原理"，即内在的深刻规律——例如牛顿力学和相对论就是这样的"最高贵的原理"，还可以达到一种"事功"的效果。

所谓事功就是各种用处与好处，例如上面所说的，理解了运动规律后发明的汽车、飞机与潜艇就是这种事功。在培根看来，这样的事功可不是只有一件两件，而是"成群结队"的。诚然，这也是对的，例如科学向我们提供的各种好处，那简直是数不胜数啊！

人才是根本

上面我们分析了为什么知识就是力量，现在我们来讲下一个问题：既然知识就是力量，那么我们就应当努力增进知识。怎样才能做到这一点呢？

关于这个问题，培根在《崇学论》中说了不少，在《新大西岛》中更是将之作为最重要的国策。但由于《新大西岛》中的科学实际上是与政治联系在一起的，这个问题我们在后面讲培根的政治哲学时再细说，这里只提一下他在《崇学论》中的观点。

培根认为，正因为知识如此重要，所以我们要想方设法努力发展科学，但发展科学可不是说说就能够做到的，需要采取具体的有力的措施。这些措施有很多，在培根看来，最重要的有三种：

一是要为搞科学研究的人提供足够的报酬，使其安于研究与探索。

为什么呢？培根说，那是因为热衷于科学研究的人往往不是贵族与阔佬，而是穷人子弟，但科学研究本身是不能立即创造物质财富的，因此当学者们专注于科学研究时自然就无暇赚钱发财了，所以政府或者说社会应当提供足够的金钱报酬，使他们能够专心于科学研究。这是理所当然的，因为"若无穷窭学子，扶植人类的文明，维系人类的尊严，王公大人们的安乐奢侈，早使人类复返草昧，退归野蛮了"²²。

培根这样说当然是有道理的，即使到了今天也是如此。我们可以看看，那些纨绔子弟哪个会喜欢搞科学研究呢？考大学时哪个会报考数理化这些科学专业呢？他们基本上会去报考金融经济之类的，要么就是法律类，总之毕业后可以发财当官的专业。中国如此，西方亦是如此。

培根还说到知识分子之中的精英教授们，他认为"兴学的人们是种植的，教授的人们是灌溉的，所以教授的地位亦是很重要的"。但是人们对教授是不够重视的，具体表现就是给他们提供的报酬太少，"许多地方，不论在学术方面或职业方面，对于教授们的薪金报酬规定得太过微薄"。培根认为这样做是不行的，因为一般人当不了教授，只有那些"天才卓越、能力出众"的人才能当。要使这些才智杰出的教授们"使科学有所发明、有所进展"，就要保证他们的物质生活，即只有"才智之士有安适的生活状况、丰厚的生活费用，才能竭其精力、尽其一生从事学术的探讨、学子的培植"[23]。

不用说，这样的话直到今天也是成立的，要大学教授能够安心传道授业、创造发明，没有足够的薪水怎么行呢？要是他们成天得为衣食发愁，又怎么可能安心传道授业、创造发明呢？这个道理是很简单的，只是要做到并不容易。即便今人一般也没有这样深远的眼光。

二是要提供足够的研究经费。

培根认为，搞科学研究是需要各种工具的，而这些工具往往价值不菲。因此，要使科学研究能够顺利推进，就需要向科学家提供足够多的研究经费，这在《崇学论》里说得很清楚：

> 我确乎知道，要想对于各种科学尤其是物理学及医药学有一样深刻而有成效的研究，有帮助的工具，委实不限于书籍一端，因为我们常常见到，在天文学上与地学上，除了书籍以外，是需要用浑天仪、观象仪与地图等等作工具的。而且，在有些研究医药的地方，为图方便，亦曾经把花园附在里面以便研究各种草木药品，有时竟然要利用尸体实行解剖。不过这些情况仍限于少数事物。概括地说来，要想发现自然的秘密，只有筹拨巨款，实地试验才能有显著的进步。[24]

培根这样的说法诚然是有道理的，从古至今都是如此。例如亚里士多德，他为什么能够取得如此之多的科学成就？主要原因之一就是他有大量的资助，资助者就是他的学生亚历山大大帝。据普林尼在他的《自然史》中的记载，亚历山大命令近一千个以打猎、捕鱼、捕鸟为生的人，波斯帝国境内动物园、禽鸟园、鱼塘的监督者，经常性地供给亚里士多德以每个地方值得注意的东西。由此，亚里士多德建立了世界上第一座大动物园。[25]

可以说，正是因为有了这样的条件，亚里士多德才能取得如此之多且伟大的科学成就。这在今日更是如此。因为现在搞科学是更费钱的，那些先进科研设备动不动就是几万几十万甚至上亿，例如建设一个大型的粒子对撞机需要的资金达数十亿美元，对撞机运行时需要的电能相当于一座中等城市同样时长的用电量。试想，若不能筹集巨额资金，可能进行这样的科学研究吗？

三是学术研究的机构之间要相互合作："全欧洲的学校要是比现在更能声应气求，学术不是更能发展吗？"[26]

这里的"声应气求"就是相互合作的意思了。培根认为，各种学术机构之间也如各个国家之间一样，一则应当友好相处，二则应当互相帮助，为此可以订立各种协议，以求科学研究的发展。

这些说法显然是有道理的，简言之就是：人才是科研的根本，直到今天依然如此。

由上可见，培根关于怎样促进科学发展的观点不但在他的时代是有道理的，直到今天依然成立，甚至比他所在的时代更加合理而必要。所以培根的这些思想是很前瞻性的，在今天依然值得我们好好学习。

至此我们就讲完了培根思想中的核心，即知识就是力量。我们不但分析了知识就是力量的含义，还分析了它成立的原因，并且举了许多例子予以说明。从这些分析与举例之中可以清楚地看到，培根在"知识就是力量"中所表达的思想直到今天都有着极为重要的现实意义。

注　释

1　见 *Encyclopedia of Philosophy*, 2nd edition, Francis Bacon 条目, VI, 第451页。

2　《新工具》，（英）培根著，许宝骙译，商务印书馆，1984年10月第1版，第51—52页。

3　《崇学论》，（英）培根著，关琪桐译，商务印书馆，1938年6月第1版，第42页。

4　参见《新工具》，第111页。

5　《新工具》，第112页。

6　参见《新工具》，第113页。

7　《遗书》（第二卷），（法）让·梅叶著，何清新译，商务印书馆，1960年1月第1版，第127—128页。

8　《促进人道书简》，转引自北京大学西语系资料组（编）：《从文艺复兴到十九世纪资产阶级文学家艺术家有关人道主义人性论言论选辑》（内部读物），商务印书馆，1971年11月第1版，第457页。

9　《且介亭杂文》，鲁迅著。

10　《新工具》，第63页。

11　《新工具》，第112—113页。

12　参见《新工具》，第68页。

13　《新大西岛》，（英）培根著，何新译，商务印书馆，2012年12月第1版，第18页。

14　《新大西岛》，第19页。

15　《新大西岛》，第33页。

16　《崇学论》，第158页。

17　《崇学论》，第58页。

18　《崇学论》，第42—43页。

19　《新工具》，第117页。

20　参见《新工具》，第28页之注释4。

21　《新工具》，第102页。

22　《崇学论》，第14页。

23　参见《崇学论》，第100页。

24　《崇学论》，第101页。

25　参见《探索的思想》（上），（美）威尔·杜兰特著，朱安等译，文化艺术出版社，1991年5月第1版，第62页。

26　《崇学论》，第103页。

第四讲　人与自然

前面我们讲了培根那句最有名的口号"知识就是力量"，并且分析了其原因，还提及了应该怎样获得知识的问题，例如要给研究者丰厚的报酬之类，但这实际上只与人有关，而与知识本身无关。从现在起我们要来具体地考察人应该如何获得知识这个问题，这同样属于培根哲学的核心与主体。

要讲清楚这个问题，我们必须先来讲培根另一句仅次于"知识就是力量"的名言，即"人是自然的仆役与解释者"。

这句话从字面上看好懂，它包括两层意思，即人与自然的两种关系：

一、人是自然的仆役。

二、人是自然的解释者。

服从自然

先看"人是自然的仆役"。这一句，表明了培根对于人与自然之间关系的基本看法。

我们前面说过，培根所说的知识乃是关于自然的知识，这是与西方哲学传统尤其是中世纪哲学传统不同的。所以当我们讲培根的知识时，首先就要明白这里的知识乃是有关自然的知识，也就是我们今天所称的科学知识。在这个基础之上才能理解后面的分析。

关于人与自然之间的关系，显然，培根用了一种比喻的说法，将人比为自然的仆役。为什么要这样比喻呢？这要从仆役这个词去理解。

人为自然之仆役，换言之就是自然乃人之主人。既然如此，人就要服从自然，就像仆人要服从主人一样。这就是人是自然的仆役的基本含义了。

这个观点在今天看来没什么稀奇，我们在科学研究中当然要服从自然，自然是怎样的，我们就要怎样研究，不能主观臆断，否则是得不到关于自然的真理性知识的。但在培根的时代却并不是这样的，那时人们认为自己乃是自然万物的主人，幻想人能够像神一样支配自然，因此培根在《自然与实验的历史》中这样写道：

我们是在为我们的始祖所犯的罪恶付出

代价，并且还在模仿这种罪恶。他们希望像诸神一样，我们——他们的后代——似乎还要胜过他们。我们创造各种世界，我们替自然界制定规律，并以自然的主宰自命。我们要一切事物来适应我们的愚昧，而不是要它们适于神圣的智慧，就是说不要事物顺其天性。我们把我们的概念的图记强加在上帝所创造的一切事物上，而并不勤勤恳恳地发现上帝在一切事物上的标记。[1]

培根在这里说得很清楚，当时的人认为自己乃是自然的主人，要自然怎样自然就得怎样，于是他们人为地为自然制定出各种各样的规律，将这些规律强加在自然之上，而不是从自然之中寻找这样的规律。这样显然是错误的，不是显明了人类的理解，而是显露了人类的愚昧。

正是基于这样的情形，培根才提出"人是自然的仆役"，也就是说，人不要妄图高踞于自然之上，强使自然服从我们，这是不可能的。与此相反，我们要将自然当成自己的主人，将自己当成自然的仆人，要像仆人服从主人一样服从自然。

为什么要这样呢？培根说，只有这样我们才能理解自然并且找到自然万物的真实规律，在此基础上我们才能支配自然，使自然为自己服务。

所以，培根将人当成自然的仆人是有目的的，这个目的就是要在此基础上支配自然，使自然为自己服务。这在《新工具》中说得很清楚：

> 要支配自然就须服从自然。
> 反言之就是：我们若不服从自然，我们就不能支配自然。[2]

解释自然

分析完了"人是自然的仆役"之后，我们再来看"人是自然的解释者"。

关于人是自然的解释者之含意，培根在《新工具》的开篇中说得很清楚。

在《新工具》第一卷的第一章中，培根开篇就说：

> 人作为自然界的臣相和解释者，他所能做、能懂的只是如他在事实中或思想中对自然进程所已观察到的那样多，也仅仅那样多；在此以外，他是既无所知，亦不能有所作为。[3]

这里的"臣相"是旧译法，现在一般译为仆役，引文后面的内容就指出了人是自然的解释者的具体含义。用更清楚的话来说就是，当我们观察自然、理解自然之时，我们必须尊重自然，从自然中得到的一切知识都必须停留于自然所告诉我们的那些东西，不能逾越自然，得出一些主观任意的结论。也许培根的另一句话很好地诠释了这一含义：

> 存在的真实同知识的真实是一致的，两者的差异亦如同实在的光线同反射的光线的差异罢了。[4]

培根在这里将知识与知识由之而来的自然之物，比喻为光线与由其反射出来的光线之间的关系，这二者只是方向不同而已，就光线本身的样子而言可以说没有什么不同。在此不妨看看当我们看到一朵红花时的情形。我们得到的知识就是：这是一朵红花，而不能将之当成一朵白花或者黄花。进一步地，倘若我们要获得有关这朵红花的其他知识，如它是一朵红玫瑰，并且想要探讨它为什么是红的，也要从这朵红花本身出发去探讨，要尊重它本身的属性，而不能主观任意地说它有这样那样的属性。例如它红是因为花瓣的细胞液里含有由葡萄糖变成的花青素，当细胞液是酸性时，花青素呈现红色，酸性愈强，颜色愈红。所以花儿就这样红了。此外还可以从物理学原理来解释。我们知道，当太阳光经过三棱镜时会被分解成红、橙、黄、绿、蓝、靛、紫七种颜色，牛顿第一个做出了这项伟大的发现。这七种颜色的光波长短不同，红光波长，紫光波短。酸性的花青素会把红色的长光波反射出来，送到我们的眼球，我们由此便感觉到花儿是红的。这些解释都是从花的本身来的，因而得到的也是科学的知识。但我们又知道，红玫瑰经常会被当成爱情之花，那么和爱情有关是不是它的属性呢？当然不是，这种属性是人主观加上去的，不是红玫瑰本身具有的属性，因此不是科学的知识。

我们后面会看到，当培根想要获得科学的知识时，就是这样从自然之物本身出发去求取的，这就是"人是自然的解释者"的含义了。

要深刻地理解"人是自然的仆役与解释者"，我们还要清楚，这里的仆役与解释者的含义是很不一样的。仆役指的是人在理解自然之时必须服从自然而不能凌驾于自然，自然的地位是高于人的地位的。从这个角度而言，自然乃是人的主人而人乃是自然之仆役。至于解释者，意思是人对于自然并不是单纯地只有看听闻之类的感觉经验，而是可以理解自然，获得自然之奥秘，得到规律性认识的，而这就是我们关于自然的真正的知识。在这个基础之上，人可以利用自然万物为自己服务，从中获得巨大的好处。这两者之间存在着微妙而重要的差异，目的就是培根非常重视的"事功"。

关于自然的仆役与解释者的这种区别，我们还可以用培根在《崇学论》中举过的一个例子来说明。比如医生与患者的关系。他说，倘若一个医生只有一些经验，而不懂病理，那么他们治病之时，完全是根据经验去治，只看病人的表面症状，不去追究具体的病因就贸然下药。那么，我们敢把自己的性命交给这样的医生吗？⁵

这就是说，作为一个好医生，不但要有经验，要懂得一些病状，还要理解存在于这病状背后的病因，这就类似于解释自然，其目的乃是要治好病，这就是征服自然。因为倘若只遵循自然之道，不加以改变的话，患者很可能因为这个病而死；现在由于懂得了病因，于是对症下药，就可以药到病除，人就会继续活下去，这不正是改变自然、征服自然之道吗？

所以，在培根那里，人是自然的仆役实际上只是一种表面现象，更重要的应该是人是自然的解释者。因为当人做了这样的解释之后，就可以理解自然并且支配自然，使自然为自己服务，征服自然。从这个角度来说，人在解释了自然之后就不再是自然的仆役而是自然的主人了。这乃是人与自然之间的第三重关系，理解这一重关系同样是非常重要的。

当然，人终究是要死的，从这个角度说，人永远是自然的仆役，永远不可能真的征服自然。这可以理解成人与自然的第四重关系。不过培根是否作过这样的理解就不得而知了。

知识大分类

讲完人与自然的关系之后，我们下面要用一点附加的篇幅讲讲培根的一个不是很有名，却相当独特的思想，即关于知识的分类。培根试图将人类的整个知识——不仅仅是科学知识——进行完整的分类。

培根对知识的分类是非常复杂的，《崇学论》整个第二部实际上就是对知识的分类，它也占据了《崇学论》的大部分篇幅。不过，我们在这里不去细讲，原因如黑格尔所言：

> 这部百科全书列出了一个各门科学的总分类；分类的原则是根据精神能力的层级制定的。他根据记忆、想象、理性来划分科学：（1）记忆的事情，（2）想象的事情，（3）理性的事情。于是他把历史安排给记忆，把诗（艺术）安排给想象，最后把哲学安排给理性。然后他按照流行的分类法，进一步把这三类再划分为子目，列入其余的学科，这种分法是不能令人满意的。[6]

黑格尔不但说明了培根知识分类的总根据，还说明了这种分类不能令人满意。至于为什么这样，原因细说起来比较复杂，据我的看法，主要就是因为这种分类过于求大求全，因此导致太牵强又太复杂，甚至颇为胶柱鼓瑟、矫揉造作。但这并非没有意义，而是彰显了培根的思想或者胸怀——一种博大的胸怀，想要将人类的整个知识纳于其中。不过，在黑格尔看来，培根的这种分类意义不大，他说：

> 科学的分类是《增进科学论》这部著作中最不重要的部分。书中有价值的、产生影响的部分是他的批判和很多有教益的言论。[7]

黑格尔的这种说法当然也有他的道理，我们在此且根据他的看法来讲，首先简单地讲讲这个分类，然后提一些其中"有教益的言论"。

培根进行知识分类的基本原则是人类的理解能力，他认为这乃知识之来源。具体地说人类有三种理解能力，分别是记忆、想象、理性，于是人类的知识可以相应地分成三大块：历史、诗歌、哲学。历史对应于记忆，诗歌对应于想象，哲学对应于理性。[8]

接着，他便对三大类知识中的每一类都进行了更加细致的分类，例如历史可以分为自然史、社会史、宗教史、学术史等。自然史又可分成三类：一是普通的自然历史，二是变异自然历史，三是加工过的自然历史，也就是生物历史、奇异历史、技术历史。[9]

　　如此等等，还可以再分下去，在此就不多说了，只提一下其中的社会史。培根认为："比起其他知识，社会知识所涉及的内容最具体，最难归入某一个原则。"[10]他用整整五十节将社会知识分类，其中最有意思的应该是第四十九节，这一节表达了培根对于法律的理解，他这样说：

　　　　对于统治的公开部分，也就是法律，我觉得有一个缺陷需要指出，那就是写作法律著作的人要么是哲学家，要么是律师，都不是政治家。作为哲学家，他们只是为想象的国度制造出一些假想的法律。他们的论述就如天空中的星辰，只能给大地带来微弱的光亮，因为它们的位置太高了。作为律师，他们的著作专注于他们国家已经承认的法律，而不是应当采用的法律。[11]

这一段就可以看作黑格尔所说的"有教益的言论"了，它表明了培根对于应该由谁来制定法律的主张。显然他主张应该由政治家来制定法律，并且关于法律的著作最好也由政治家来写。因为哲学家们太喜欢空想，只根据自己对法律的理想甚至幻想去写法律——估计培根这时候心中想到的是柏拉图的《理想国》中的法律；而律师只懂当前已经实施的法律，墨守成规，并不能改进法律。只有政治家既能面对现实，又能前瞻法律的必须改进之处，因此才是最为适合的法律家。

培根的这种说法诚然是有道理的，这从人类历史上几部很好很重要的法律就可以看得出来，例如《查士丁尼法典》和《拿破仑法典》，都是由政治家主导制定的，直到今天都有重要意义。

关于培根对知识的大分类，余丽嫦教授制作过一张完整的表格，清清楚楚地标明了这个巨大而复杂的分类。[12]

除了有关法律的见解，培根在知识的分类这一部分中还有很多既有意思又有意义的话，就像他在《工具论》与《培根论说文集》中所表现出来的特点一样。在我看来，其中最重要的是他所分类的最后一部分知识，即神学知识，不过这些我们还是放到后面专门讲培根的宗教与神学思想时再说吧，这里且先略过。

注　释

1　转引自《培根及其哲学》，余丽嫦著，人民出版社，1987 年 12 月第 1 版，第 416 页。

2　《新工具》，（英）培根著，许宝骙译，商务印书馆，1984 年 10 月第 1 版，第 8、113 页。

3 《新工具》，第 7 页。

4 《崇学论》，（英）培根著，关琪桐译，商务印书馆，1938 年 6 月第 1 版，第 26 页。

5 参见《崇学论》，第 9 页。

6 《哲学史讲演录》（第四卷），（德）黑格尔著，贺麟、王太庆译，商务印书馆，1978 年 12 月第 1 版，第 22 页。

7 《哲学史讲演录》（第四卷），第 22 页。

8 《学术的进展》，（英）培根著，刘运同译，上海人民出版社，2007 年 8 月第 1 版，第 64 页。

9 参见《学术的进展》，第 65 页。

10 《学术的进展》，第 159—160 页。

11 《学术的进展》，第 185 页。

12 参见《培根及其哲学》，第 156—157 页。

第五讲　一叶障目，不见泰山

　　从本讲开始，就是培根思想中最主要的部分了，即我们应当如何认识自然、获得知识。

　　为此，培根提出了一整套方法以指导我们如何从自然之中获取可靠又有益的知识，这也是培根对哲学史最重要的贡献。对此黑格尔曾发出这样的感叹：

　　　　培根以实践的方式研究科学，通过思考收集现象，把现象当作第一手的东西加以考虑。他同时也对科学作方法上的考察；他并不是仅仅提出一些意见，发表一些感想，也不是仅仅对科学大放厥词，像贵族老爷似的发作一通，而是力求严密，并且提出了一种科学认识上的方法。[1]

黑格尔在这里说得很清楚，培根是通过收集现象——这里的现象就是感觉现象或者说感觉材料，然后在此基础上获取知识的。这诚然是对的，不过我们要比黑格尔说得更详细一些。

下面将分三个步骤，来讲述培根认为应当以一种什么样的具体步骤去获取有关自然的知识：

第一步是要破除横亘在我们面前的四大假象，所谓不破不立，只有这样才能迈开走向知识的脚步。

第二步就是黑格尔说的收集现象，即获得感觉与经验，它们乃是获得知识的原料与基础。

第三步就是如何去整理上面获得的知识之原料，在此培根作出了他对哲学最伟大的贡献，提出了新逻辑学——归纳法。通过它，我们可以最终获得科学的、真理性的知识。

我们先来讲培根的四假象说。

所谓假象，就是虚幻之象。这些东西虽然表面上看上去很真，很迷惑人，但实际上是假的，就像镜花水月一样。镜中之花也是很美的，但实际上镜中并没有这样的花，它只是一个花的假象而已；水中之月看上去就是月亮，和真月亮一个样，但它只是水中的一个虚影而已。总之都是假的。

培根之所以在这里要提出这样的假象，就是因为在他看来，在我们追求知识的过程之中，也会遇到这样的假象，会遇到这样的所谓知识。它们表面上是知识，和真正的知识一模一样，就像镜花水月和真花真月一模一样，但实际上却并不是真的知识，只是一些知识之假象，就像镜花水月只是真花真月之假象一样。

培根认为，我们倘若想要得到真正的知识，首先就要将这些虚假的知识或者说知识之假象清除出去，这乃是我们追求真正的科学知识的前提与基础。也正因为如此，我们在讲培根关于如何获得知识的理论时，首先就要来讲他的假象说。

培根最早是在他的《时代勇敢的产儿》一书中提出关于假象的学说的。此书的写作方式在培根的著作中比较特别，倒有些像柏拉图或者奥古斯丁的某些作品，如《论自由意志》，是以前辈对晚辈传授知识的方式写作的。培根这本书中的长辈对晚辈说，他会以最恰当的方式向晚辈传播真理、授业解惑，其中有这样的一段话：

> 你是否以为当心灵的一切被深深嵌入的最朦胧的假象所缠扰和阻塞时，心灵的镜子仍然能保持清楚和明亮的表面？仍然能反射事物真正自然的光亮？[2]

看到了吧，培根在这里清楚地提出了"假象"这个概念，不过他的这个假象不是存在于外面的世界，而是存在于人心之中。他认为我们的心中可能存在着一些假象，它们会横亘在我们心中，阻挠事物真实的形象进入我们的心灵之中。在此我们不妨作这样的想象：在脑海中有一幅画，画中的月亮是黄色的，它就横在我们的眼睛与大脑之间。这样一来，当真实的银白的月亮的形象进入脑海之中时，却被这黄色的月亮挡住了，这样一来，我们就无法认识到月亮的真实形象，从而认为月亮本来就是黄的。这个黄月亮就是一种假象。显然，它阻止了我们了解真实的月亮，也阻止了我们获得关于月亮的真实的知识。

以后，在《新工具》里，培根具体提出了四种假象，对此他说：

> 围困人们心灵的假象共有四类。为区分明晰起见，我各给以定名：第一类叫作族类的假象，第二类叫作洞穴的假象，第三类叫作市场的假象，第四类叫作剧场的假象。[3]

第一个族类的假象中的族类一般也译为种族。四假象我们今天分别这样称呼：种族假象、洞穴假象、市场假象、剧场假象。当然在引用《新工具》的译文时还是会遵照原译。

培根认为，在我们的心中存在着上述四种假象，正是它们阻碍着我们看清楚真实的自然万物，用中国的古话来说就是"一叶障目，不见泰山"。而要看清楚真实的自然万物，获得真理性的知识，就要去掉这些障目之叶，即打倒这四种假象。

我们现在就来分别解说这四种假象。

骄傲自大的人类

何谓种族假象？

种族在这里并不是黄种人、白种人的意思，它有比人种更深的含义。具体而言，如果把黄种人、白种人、黑种人以及各种各样的混血人种加在一起，就是这里的种族之意了。这个意思也可以用一个词表达，就是人。

因此，所谓种族假象简言之就是人之作为人而出现的假象。

这就奇怪了，为什么有头脑、有智慧的人会产生假象呢？

培根认为，人正是因为有了智慧和头脑才有了假象，它们乃是产生假象的根子。为什么呢？

培根认为，人是充满虚荣心又容易骄傲的物种。自从其拥有了智慧，就像一个有了万贯家财的阔佬，浑身像充满了氢气一样，轻飘飘起来，以为老子天下第一，看不起人之外的其他事物，认为它们只是人的仆夫走卒。用哲学化的话来说，即认为人是万物之灵，如古希腊的智者普罗泰戈拉所言："人是万物的尺度，是存在的事物存在的尺度，也是不存在的事物不存在的尺度。"[4]

这种人类的自我中心主义使人类在观察世界、认识万物时，总以自我为中心，就像阿Q所言："我喜欢谁就是谁。"[5]但实际上人类并没有这么大本事，对事物的认识并不一定准确，甚至常常看到的不是事物的本来面目。例如我们的诸感觉器官：论视觉，我们看不到百里之远，更看不见分子与原子；论听觉，我们听不到超声波和次声波；论嗅觉，我们比狗差得远。不止是无能，人的感觉还常常会有错误，产生幻听、幻视等。这些都说明，人的认识只是"人"的认识，而非宇宙万物本身。所以，在认识与事实之间必定存在差异。

然而，许多人并不肯承认这一点，他们总幻想自己的认识是明白无误的，一旦提出某个认识，不管它是对是错，总敝帚自珍，沉醉在虚幻的满足之中。即使事实表明它错了也总不肯承认。这些人就像培根所言：

> 人类理解力一经采取了一种意见之后（不
> 论是作为已经公认的意见而加以采取或是作
> 为合于己意的意见而加以采取），便会牵引
> 一切其他事物来支持来强合于那个意见。[6]

培根的这个说法诚然是对的。他陈述了这样一个重要的事实：当人类面对自己在宇宙中的有限性时，一种共同的态

度是盲目自信，而这就导致了人类的第一个假象——种族假象。

对于这个假象，培根是这样解释的：

> 族类假象植基于人性本身中，也即植基于人这一族或这一类中。若断言人的感官是事物的量尺，这是错误的。正相反，不论感官或者心灵的一切觉知总是依个人的量尺而不是依宇宙的量尺；而人类理解力则正如一面凹凸镜，它接受的光线不规则，于是就因在反映事物时掺入了它自己的性质而使得事物的性质变形和褪色。[7]

不难看出，培根这里所说的"人的感官是事物的量尺"正暗指了普罗泰戈拉上述的话。他还将人的心灵比喻为凹凸镜，我们知道，凹凸镜中的凹镜会把事物的影像缩小，而凸镜则会把事物的影像放大，即都会歪曲事物本来的形象，使我们得不到关于它们的正确的知识。而这一切都是由于人之作为人的某些缺憾——例如感官的缺憾——所导致的。这就是人类的种族假象。

显然，如果人类想要获得正确的认识，首先就必须放弃这种独断的认识态度，砸烂这面凹凸不平的镜子，正视自己作为人的不可避免的有限性，然后再谦逊客观地去认识世界，这就像要看到事物的真实影像，首先就要使镜子变得平整一样。

培根还谈到了这种种族假象具体是如何产生的：

> 我所称为族类假象的假象就是这些样子。它们或则起于人类元精本质的齐一性，或则起于它的成见性，或则起于它的狭窄性，或则起于它的不知罢休的运动，或则起于情感的注入，或则起于感官的不称职，或则起于感受的样式。[8]

这里培根说了种族假象的多个可能的起源，其中第一个"元精本质的齐一性"大概就是指人之为人必然具有的某些共同特性，例如我们都有眼睛能够看，都有耳朵能够听，如此等等。而这些我们前面说过，都是能够产生假象的。成见就更多了，例如各个民族与国家以及宗教的信徒都必然有属于自己民族、国家与宗教的种种成见，也有属于自己阶层的各种成见，这是必然的。这些都必然是有碍于我们去真实地了解世界。还有狭窄性，例如我们的耳朵听不到次声波超声波。而倘若我们拘于某些成见，自然也会产生思想的狭窄性。还有永不停歇的运动，这是因为人类的心灵总是活跃的，我们的眼睛也总是动来动去，哪怕在梦中也是如此，总之我们很难静下心来面对某一个事物，更难静静地沉思宇宙万物的本质，但我们却总想要理解这个那个事物，甚至想要理解万物之本质，这样一来，由那不停运动的眼睛与心灵所得到的结论岂会是真实的呢？情感的注入就更好理解了，俗话说情人眼里出西施，人若是对某物有了感情，即使这个事物不是好的，也会将之看成好的，反之亦然。就像沉浸在恋爱中的男人女人无法理解对象的庐山真面目一样，易被情感所左右的人类也无法真实地理解万物，而这样的结果就是产生关于万物的各种假象。最后，感官的不称职就更不用多说了，我们前面就说过，人类感官的能力是有限的，甚至容易产生幻听幻视之类，这些都是它们的不称职之处，都会导致我们无法真实地了解事物。最后一个"感受的样式"指的是当人类进行感受时，我们不是客观地去感受，而是为某些固定的模式所左右，亦如为成见所左右一样，这时候当然就会产生错误的认识即错误的知识了。如地球本来是围绕太阳转的，但人们直接的感受模式则是太阳绕着地球转，倘若为这个模式所左右，我们是不可能认识到地球与太阳真实的运动规则的。

　　总之，培根认为，人类上述种种认识的缺憾都是以自己为中心，而不是以客观事物为中心的独断态度所导致的，换言之就是人类的骄傲自大导致的。

我们都是瞎子摸象

何谓洞穴假象？这是与种族假象相对应而言的假象。我们知道，种族假象是人因为种族整体的缺陷而导致的假象，而洞穴假象就是人作为个体产生的假象。

如莱布尼茨所言，世界上没有两片完全相同的树叶。[9] 与此相类，更没有两个完全相同的人。所以人都是各有特色的。特征这个东西当然像性格一样，有好的也有不好的。也就是说，人各有缺点，各人都有自己的不完美。例如，有的人看问题喜欢从好的方面看，觉得世界上什么都好，特别是明天，总感觉明天会更好；有的人则是悲观主义者，像叔本华一样，觉得人生即是痛苦和空虚。但实际上这个世界不是太好，也不是太坏，希望总是有的。

我们都听说过瞎子摸象的故事。六个没见过大象的瞎子摸象，摸到耳朵的说大象像把扇子，摸到腿的说大象像根柱子，摸到尾巴的说大象像根绳子。他们为什么会犯这样的错误呢？因为他们每个人所处的位置不同，站在大腿边的摸到了大象的大腿，站在耳朵边的摸到了大象的耳朵，于是就得出了关于大象的错误认识。也可以打个比方说，他们都是躲在自己的洞穴里去感觉大象，因而产生了认识的谬误。

这种因个人的原因而产生的认识谬误就是洞穴假象。我们也可以用培根自己的话来说：

洞穴假象是各个人的假象。因为每一个人（除普遍人性所共有的错误外）都各有其自己的洞穴，使自然之光屈折和变色。这个洞穴的形成，或是由于这人自己固有的独特的本性；或是由于他所受的教育和与别人的交往；或是由于他阅读一些书籍而对其权威性发生崇敬和赞美；又或者是由于各种感印，这些感印又是依人心之不同（如有的人是"心怀成见"和"胸有成竹"，有的人则是"漠然无所动于中"）而作用各异的；以及类此等等。这样，人的元精（照各个不同的人所秉受而得的样子）实际上是一种易变多扰的东西，又似为机运所统治着。因此，赫拉克利特曾经说得好，人们追求科学，总是求诸他们自己的小天地，而不是求诸公共的大天地。[10]

这里培根指明了什么是洞穴假象以及为什么会产生这样的假象，虽然文字比较深奥，但意思和我们上面所说的是一样的。简言之就是，无论这假象产生于什么原因，反正它是由于个人的天性之不同且各人均有自己独特的天性而形成的。这些天性使人就像井底之蛙一样，以为天只有井口那么大。

关于洞穴假象的起源，他在后面还有两处说明：

> 洞穴假象起于各个人的心的或身的独特组织；也起于教育、习惯或偶然的事情。[11]

洞穴假象大部分发生于以下几种情况：

> 或则先有一个心爱的题目占着优势，或则在进行比较或区分时有着过度的趋势，或则对于特定的年代有所偏爱，或则所思辨的对象有偏广偏细之病。[12]

这些说明就更具体详细了，由于不难理解，我们就一一分析，只选择几样。例如他说"洞穴假象起于各个人的心的或身的独特组织"，这就是说，每个人虽然都是人，身体与心灵的组织结构总的来说是一样的，但各人毕竟有所不同，不会完全一样。例如眼睛，有的人视力很好，能看见高高的天花板上分明有一只大狼蛛；有的人视力就一般了，他看见那只是一个蜘蛛，至于什么品种就看不出来了；而有的人是近视眼，根本看不见蜘蛛，在他看来那就是一个黑点而已。这就是因为个人的身体组织的不同而产生的假象。弗吉尼亚·伍尔夫还就此写了一篇小说《墙上的斑点》。

还有第二段引文中的"先有一个心爱的题目占着优势"，这就是我们中国俗话说的"先入之见"了。例如一个老师认定小王是个好学生，于是当小王趴在书上睡着了，他就微微一笑说："你看小王多好，睡觉都看书！"他认为小李是差生，当小李同样趴在书上睡着了时，他就骂道："瞧你这小李，看书就睡觉！"这些都是先入之见造成的假象，是不能正确理解世界或者他人。

无聊的口舌之争

人类的第三个假象是市场假象。

这个名字有些古怪，有些名不副实，因为培根在这里所说的市场假象貌似与市场无关，它所指的是由于人类语言之缺憾而产生的假象。

这种观点在今天的西方哲学界估计不会有太大的市场，因为我们知道，20世纪西方哲学的趋向之一就是所谓的"语言转向"。也就是说，有许多哲学家认为，哲学问题与其说是哲学的问题，不如说是语言的问题。具体说就是语言的澄清问题。哲学就是澄清我们在语言的使用中所犯的错误。而这些错误，即对语词的形而上学的谬用，用卡尔纳普的话来说，正是古今中外有这么多哲学争论的根源，结果则是导致了它们是无意义的。[13]

至于为什么无意义，卡尔纳普说，那是因为：

> 形而上学、哲学、伦理学（就其作为规范原则而非作为事实的心理—社会学考察而言）的假句子是似是而非的句子；它们没有任何逻辑内容，而仅仅是激起听者情感和意志力倾向的感情表达。[14]

举例说吧，我们知道，哲学的一个基本概念是"存在"。由它而引出了无数其他哲学问题，而且是最深奥的哲学问题。例如海德格尔的《存在与时间》，萨特的《存在与虚无》，都在最难懂的哲学书之列。这些关于存在的问题不但困难，还有一个共同的特点——它们是不可回答的，即根本没有一个共同的答案，古往今来的哲学家们都是自说自话，自己玩自己的深沉。对于最基本的问题都没有答案，是哲学最大的弱点之一，也令许多人视哲学为空洞无物。

这是怎么一回事呢？卡尔纳普等逻辑实证主义者认为，这是因为哲学家们，具体而言是形而上学家们，犯了一个语言的错误，即他们误用了语言。例如，"存在"这个词，本来它只是一个系词，用英语来表达就是"be"，即"……是……"这才是它正确的用法。它是不可能表达一个具体事物的，但那些形而上学家们把它当作某种具体存在的东西。这就是无数所谓哲学界的千古难题产生的根源。

这个问题我们可以说它个三天三夜，或写一整本书，这里且不多说。但我们至少已经看出人类的许多问题，不管它是不是哲学的，都是基于对语言的误用。这种因为人们对语言的误用而造成的认识错误，培根称之为市场假象。用他自己的话说就是：

> 另有一类假象是由人们相互间的交接和联系所形成，我称之为市场的假象，取人们在市场中有往来交接之意。人们是靠谈话来联系的，而所利用的文字则是依照一般俗人的了解。因此，选用文字之失当害意就惊人地妨碍着理解力。有学问的人在某些事物中所惯用的防护自己的定义或注解也丝毫不能把事情纠正。而文字仍公然强制和统辖着理解力，弄得一切混乱，并把人们忿引到无数空洞的争论和无谓的幻想上去。[15]

这里培根不但说明了什么是市场假象，还说明了它是怎样产生的，简言之就是由语言的误用而产生的。

培根认为，市场假象是四类假象当中"最麻烦的一个"，因为它导致了科学与哲学研究中一个广泛存在的问题，就是将对科学与哲学的探讨变成对于文字的争论。于是，"我们常见学者们的崇高而正式的讨论往往以争辩文字和名称而告结束"[16]。在培根看来，这是毫无意义的。在西方哲学史中，从古希腊到中世纪再到现在，都广泛存在这样的情形，正是这一点造成了今日哲学界许多令人难堪而无聊的局面。也正因为如此，直到今天，这种假象的的确确依然是哲学研究中最大的麻烦。

培根还具体地指出市场假象的两种情形：

> 文字所加于理解力的假象有两种。有些是实际并不存在的事物的名称（正如由于观察不足就把一些事物置而不名一样，由于荒诞的假想也会产生一些"有其名而无其实"的名称）；有些虽是存在着的事物的名称，却含义混乱，定义不当，是急率而不合规则地从实在方面抽得的。属于前一种的有"幸运""元始推动者""行星的轨圈""火之元素"，以及源于虚妄学说的其他类似的虚构。[17]

这段话不难理解。一是虚构不存在的事物，并且在论述时将之看成实际存在的东西。就像维特根斯坦举过的一个例子，一群人站在一起，各人口袋里都有一个密封的盒子，人人都声称里头有某种东西，他们称之为"甲虫"。他们谈论这个"甲虫"，都声称看到了自己的甲虫，知道甲虫是什么模样。于是他们就这个甲虫大谈特谈，并且头头是道。然而事实上，由于各人的盒子都是密封的，其他人无法看见，虽然他们都声称知道自己的甲虫，并且能够谈论之，但人们如何断定彼此所谈的是真的呢？甚至里面可能根本就没有什么甲虫，而是一个空盒子，所以这些谈论其实是聋子之间的对话，是无意义的。那些虚构的事物同样可以看作这样不存在的甲虫。[18]

另一种情形是某些名称虽然用来描述存在的事物，但人们却给它们添加了不同的意义，于是其意义就变得混乱不堪了，这也造成了语言的误用与谬误的产生。例如上面说过的"存在"就是这样的情形，"元始推动者""行星的轨圈"也与此相类。

其实，人们只要稍微接触过哲学，八成都会遇到这种由语言与词汇产生的"市场假象"问题——因为它的确也是今日哲学界最麻烦的问题，几乎每一个人都为它们大伤脑筋。例如哲学家们总想弄明白"何谓存在"，甚至"世界的本质"，它们都是典型的形而上学问题。大家只要仔细想想，或者看看哲学史，就会知道它们其实是根本没法回答的。

可笑的明星崇拜

培根给人类指出的最后一个假象是"剧场假象"。

这个"剧场假象"好理解，培根是这样描述的：

> 最后，还有一类假象是从哲学的各种各样的教条以及一些错误的论证法则移植到人们心中的。我称这些为剧场的假象。因为在我看来，一切公认的学说体系只不过是许多舞台戏剧，表现着人们自己依照虚构的布景的式样而创造出来的一些世界。我所说的还不仅限于现在时兴的一些体系，亦不限于古代的各种哲学和宗派；许多大不相同的错误却往往出于大部分相同的原因，我看以后还会有更多的同类的剧本编制出来并以同样人工造作的方式排演出来。我所指的又还不限于那些完整的体系，科学当中许多由于传统、轻信和疏忽而被公认的原则和原理也是一样的。[19]

显然，培根所说的"剧场假象"乃是由那些传统的所谓"权威"的观念与理论而导致的假象。培根认为，人们在认识世界的时候，并不是根据自己的所见所闻去朴素地认识的，而常常是在所谓权威们的指引下去认识的。这些"权威"指导人们去认识世界，让人们这样想那样做，就像当人们在看戏时，看到舞台上的演员流泪，他们就跟着流泪，看见演员笑，就跟着笑——好像他们为之哭为之笑的事情是真的一样。他们没有想到，这一切只是演员们在做戏，是假的，那些令他们落泪的事也是子虚乌有的。

还有，在培根眼中，这世界其实也是个大舞台，只不过一般人是看戏的，唱戏的只是少数人而已。这少数人便是所谓的权威。他们为看戏的普通人造出许多的所谓权威理论，让人们去信奉它，人们把它们当作不可更改、绝对正确的教条。

对此，大家只要看看电视、报纸、杂志，就可以找到无数这样的权威与教条，许多所谓明星、导师、专家之类的人成天在屏幕上晃来晃去，念念有词，而且装得正经无比、严肃无比，好像他们长着一张金口，吐出来的是金子。

在培根看来，这些就是剧场假象。

请问，这些东西是真理吗？是对世界的正确认识吗？当然不一定！当他们在屏幕里表演时——那其实真是不折不扣的表演，那些假专家假权威们、贪官污吏们其实就是戏子——瞧他们显得多么爱国爱民，廉洁公正！然而，尽管他们满脸的诚恳，很能骗人，但演戏毕竟是演戏，通通是假的。

培根的时代如此，英国如此，恐怕这个时代、全世界都是如此。那些假专家、假权威与贪官污吏就是培根剧场假象中的戏子们。

所以当我们理解培根的这个假象时，一定要变得警惕，看清楚那些剧场假象的虚伪本质，并且要学会用自己的眼睛看这个世界。这就是培根剧场假象的另一个重要意义。

至于为什么会产生假象，原因很清楚：就是因为许多人认为这些所谓的专家、权威所说的都是真理，并且将这种先入之见牢牢地嵌入自己的脑海里，以后就根据这些东西去理解世界、判断对错。

还有，不难看出，这些权威和由语言产生的假象不同，不是不知不觉之中产生的，而是堂而皇之地存在的，因为它们是权威嘛！意见的领袖，当然是要堂而皇之地"屹立"在这个世界上了，高大无比，他们的观点也不是悄悄地潜入人们心灵之中的，而是公开地出现在报刊书籍或者课堂之上的，因此被公开地印入了人们的脑海，就如培根所言：

> 剧场假象不是固有的，也不是隐秘地渗入理解力之中，而是由各种哲学体系的"剧本"和走入岔道的论证规律所公然印入人心而为人心接受的。[20]

培根在后面还说：

> 剧场假象，或学说体系的假象是很多的，而且是能够或者将要更多的。[21]

这也是很好理解的，大家看看，这个世界上有多少所谓的权威啊！哲学领域有，政治领域有，社会上也有，可以说无论哪个领域都有。而且，随着社会的发展，可以想象这样的领域还会不断地增多，权威也自然会不断增多，他们会制造更多各种各样的"体系"，这样的结果便是，剧场假象更多了！

所以培根实际上已经清楚地描述了今日的情形，十分有前瞻性。

培根说，不但在哲学领域有这样的权威，在科学领域之中同样有，结果就是科学领域如同哲学领域一样，被这些"权威"弄得止步不前：

> 人们之所以在科学方面停顿不前，还由于他们像中了蛊术一样被崇古的观念，被哲学中所谓伟大人物的权威，和被普遍同意这三点所禁制住了。[22]

这里培根描述的三点其实是相关的，例如"崇古"就是将古代哲学家的话当成权威；第二点不用说；第三点"普遍同意"同样来自权威。试问，人们为何会普遍同意某种学说呢？当然是因为这种学说是权威提出来的，甚至是古代的权威提出来的，例如一个学说是柏拉图或者亚里士多德提出来的，因此大家才会"普遍同意"。这种现象到今天也是一样的。

事实上，无论柏拉图还是亚里士多德，还是其他古代与今天的"权威"，他们的观点就一定正确吗？当然不！所以人们对这些权威的盲信不可避免地阻碍了科学的发展，正如其阻碍了哲学的发展一样。其结果就是使我们无法了解事物的真实性质、无法了解世界的本来面貌，这亦如培根所言：

> 人们的力量既然经这样被古老、权威和同意这三种蛊术所禁制，他们于是就变得虚萎无力（像中了魔魇的人一样），不能追伴事物的性质，这也就不足诧异了。[23]

培根还举过一个很有意思的例子。有人把一座庙中悬挂着的一幅图给某人看，图中描绘了有些人向庙中之神许了愿后，在发生船难时成功逃生，并称这是神明保佑的结果，所以他们在神庙中挂了这幅图来谢神，以彰显神的威力。但这某人可不是好糊弄的，他问有没有人许了愿后依然被淹死了。那当然是有的！于是他问："那些许愿之后仍然溺死的人又在哪里画着呢？"这样就一语道破天机，说明这是迷信。而那些所谓的权威正是这样的神，他们的权威就像所谓神的威力一样，是虚伪不实的，因此相信他们的权威乃是一种迷信。[24]

以上就是培根为我们指出的阻碍人们正确认识万事万

物的四大假象了。

不难看出，培根说的都极有道理，但我想，更重要的不是相信，而是实践。只有这样，我们才能认识世界、了解社会、求得真理。

打倒害人的假象

说完了四大假象，我们再来看一下假象的害处。

其实前面谈每一个假象时都已经说过它们的害处了，这害处简言之就是不能让我们了解真实的世界，也无法得到真理性的知识。为什么呢？因为我们要想获得知识，就必须保护心灵的明净，这样它才能正确地观察与理解万物，但这些假象的存在却像一张"摩耶之幕"[25]一样，横隔在心灵与世界之间，使世界的真实面貌不得其门而入。还有，即使它们历尽千辛万苦进入了我们的心灵，假象也会群起攻之，否认它们的真实性，以标榜自己是真理。这样一来，真理就成为谬误，而谬误反成为真理，就像《红楼梦》中所说的一样："假作真时真亦假，无为有处有还无。"

以培根的话来说就是：

现在劫持着人类理解力并在其中扎下深根的假象和错误的概念，不仅围困着人们的心灵以至真理不得其门而入，而且在得到门径以后，它们也还要在科学刚刚更新之际聚拢一起来搅扰我们，除非人们预先得到危险警告而尽力增强自己以防御它们的猛攻。[26]

他还用一个巧妙的比喻来说明假象的危害性：

常言说得好，在正路上行走的跛子会越过那跑在错路上的快腿。不但如此，一个人在错路上跑时，愈是活跃，愈是迅捷，就迷失得愈远。[27]

意思就是说：假象的存在使我们在追求知识与真理的道路上迷失了方向，南辕北辙，结果自然就是走得越快，离真理也就越远。

那么应该如何消除假象呢？

培根也有所说明，例如他说：

在建立任何真的原理的过程中，反面的事例倒还是两者之中更有力的一面呢。[28]

这话是在他上面讲剧场假象时，说到庙里的假象时说的。在我看来，对所有的假象都是管用的。因为这些假象之所以能够迷惑人，就是因为它们总在一些例子中似乎是管用的。例如语言，它诚然能够正确地标注与解释许多事物，人类也的确能够正确地认识与了解许多事物，但问题在于我们不能因为这些正面例子的存在而无视反面的例子。只要我们能够正视反例，就不会产生那些假象，从而可以严肃而辩证地看待事物，得到有关事物的客观真实的知识。

培根给出的消除假象的另一种方法就是他的新逻辑方法——归纳法："以真正的归纳法来形成概念和原理，这无疑是排除和肃清假象的对症良药。"[29]

关于归纳法我们后面会说到，到时候大家就会明白培根所说的道理何在了。

总之，培根认为，无论何种假象，我们都必须将之清除出去，彻底打倒，这样我们才能擦亮眼睛、明净心灵。倘若做到了这一点，我们对事物就会具有正确而强大的理解力了，也就自然而然地可以理解世界与万物、得到真理性的知识了。这又如培根所言：

> 关于几类假象及其辅翼，概如上述。我们必须以坚定的和严肃的决心把所有这些东西都弃尽屏绝，使理解力得到彻底的解放和涤洗。[30]

这段话可以看作是培根对于四种假象的总结性表达。

以上就是培根的四假象说，在破除了四假象之后，我们方可以走入获得真理性知识的第二步。

注　释

1　《哲学史讲演录》（第四卷），（德）黑格尔著，贺麟、王太庆译，商务印书馆，1978 年 12 月第 1 版，第 19 页。

2　参见《时代勇敢的产儿》，转引自《培根及其哲学》，余丽嫦著，人民出版社，1987 年 12 月第 1 版，第 195 页。

3　《新工具》，（英）培根著，许宝骙译，商务印书馆，1984 年 10 月第 1 版，第 19 页。

4　《古希腊罗马哲学》，北京大学哲学系外国哲学史教研室编译，商务印书馆，1961 年 5 月第 1 版，第 138 页。

5　《阿 Q 正传》，鲁迅著，第七章《革命》。

6　《新工具》，第 23—24 页。

7　《新工具》，第 20 页。

8　《新工具》，第 28—29 页。

9　参见《人类理智新论》，（德）莱布尼茨著，陈修斋译，商务印书馆，1982 年 11 月第 1 版，第 235 页。

10　《新工具》，第 20—21 页。

11　《新工具》，第 29 页。

12　《新工具》，第 31—32 页。

13　参见《逻辑经验主义》（上卷），洪谦主编，商务印书馆，1982 年 5 月第 1 版，第 13 页。

14　Rudolf Carnap: *The Logical Syntax of Language*, Amethe Smeaton (Translator), Routledge; 1st edition (November 15, 2010), p. 278.

15　《新工具》，第 21—22 页。

16　参见《新工具》，第 32 页。

17　《新工具》，第 33 页。

18 参见《哲学研究》，（奥）维特根斯坦著，李步楼译，商务印书馆，1996年12月第1版，第293页。

19 《新工具》，第22页。

20 《新工具》，第34页。

21 《新工具》，第35—36页。

22 《新工具》，第66页。

23 《新工具》，第67页。

24 参见《新工具》，第24页。

25 摩耶之幕，印度哲学中欺骗之神的纱幔，使凡人看不清世界的真实面貌。摩耶，梵文 Maja，意为虚假、欺骗、幻像。

26 《新工具》，第18—19页。

27 《新工具》，第35页。

28 《新工具》，第24页。

29 《新工具》，第20页。

30 《新工具》，第47页。

第六讲　走三步到真理

上一讲我们讲了培根的四假象说，在破除了这四假象之后，我们方可以进入获得真理性知识的第二步。

这第二步就是感觉、经验、实验。

这三个概念好理解，尤其是感觉与经验。至于实验，这就是培根哲学的一大特征了，因为此前并没有哲学家将实验单独作为一种重要的研究方法提出来。而在培根这里，他不但提出来，并且事实上将之作为最重要、最核心也最有特色的方法。

在讲实验之前，我们还是先来讲更具基础性的感觉与经验。

我们前面说过，培根乃是英国经验主义的先驱，正是他将英国从格洛塞得斯特与罗吉尔·培根那里已经开始的经验主义传统发扬光大，发展到了一个新的高峰，而在此基础之上后来才有了以洛克、贝克莱与休谟为代表的经验主义的最高峰，这也称得上是西方哲学史的高峰之一。

不过，在讲经验之前，我们要来讲作为经验之基础的感觉。

骗人的感官

经验与感觉之间的关系不言而喻。一般来说，经验就是感觉经验，即从感觉之中获得的信息。所以，经验与感觉是不可分的，甚至经验就是感觉，感觉就是经验。但在培根这里，他却将感觉与经验分割开来了。具体表现就是他否定感觉而肯定经验。

培根在他的著作里有多处明确表示了对感觉的反对，例如他说过："感觉确实是能骗人的。"[1]

这样的话在哲学史上有很多人说过，如赫拉克利特说过这样一句话："蜂蜜既是甜的也是苦的。"[2] 这句话既可以看成辩证法，也可以看成对感觉的怀疑。古希腊哲学中的怀疑主义者们首先怀疑的就是感觉。伟大的奥古斯丁也说过这样的话：

> 我们凭视觉得到颜色，凭嗅觉得到气味，
> 凭味觉得到滋味，凭触觉得到软硬，在所有
> 这些情况下，形象与可感物体相似，但形象

并不是有形物体本身，我们的心灵得到的是
形象，并且留有记忆，记忆激励着我们去向
往物体。然而，没有任何虚幻的形象或幻影
可以使我完全确信我存在、我知道我存在、
我喜欢这一事实。[3]

这段话的含义相当丰富，其中之一是奥古斯丁指出了感觉
是重要的，但不是可靠的，我们不能依靠感觉。这是显然
的，例如放在水里的棍子明明是直的，从侧面看过去时得
到的感觉却是弯的。

　　但同样也有许多人说过相反的话，认为感觉是可靠的，
甚至是知识之母。例如伊壁鸠鲁就认为我们所有的知识都
起源于感觉，那些可靠的知识即真理当然也起源于感觉，
对此他说："……永远要以感觉以及感触作根据，因为这
样你将获得最可靠的确信的根据。"[4]

　　还有孔狄亚克，他也认为知识的基础就是感觉，并且
也只有感觉，除了感觉之外，不需要其他的任何东西，就
像他在《〈感觉论〉的理论节要》中所言：

　　　　这部著作的主要目的，是说明我们的一
　　切知识和一切能力如何都来自感官，或者说
　　得更确切一点，都来自感觉。[5]

如此等等，正反双方的例子在西方哲学史上可以说不胜枚举。相应地，那些重视、肯定感觉的人往往也是重视与肯定经验的人，反之则也是否定经验的。而现在培根提出了大为不同的看法，即将感觉与经验区分开来，否定了感觉，认为它是骗人的。

至于培根为何这么说，理由就简单了，因为感觉的确能够欺骗我们，最有名的例子当然就是一截插在水中的棍子了，它明明是直的，但我们看上去却是弯的。正因为感觉有这样的毛病，所以培根认为："感觉虽然能了解一切事物，可是它的了解是不可靠的。"[6]

这表明了两点：一是培根认为感觉有一定用处，即它可以了解自然万物，例如日月星辰花草树木之类，感觉是可以了解它们的，即可以看到、听到、闻到、尝到或者触摸到它们。但感觉虽然可以做到这一点，却有一个大问题，就是由之获得的结论是不可靠的，就像那水中的棍子一样，倘若我们仅仅依据感觉就会认为棍子是弯的，这样的结论当然不可靠。

而且，培根进一步认为，正是由于感觉向我们提供了种种不可靠的信息，所以它实际上大大地损害了我们理解事物的能力，是我们真实理解事物的最大障碍："人类理解力的最大障碍和扰乱却还是来自感官的迟钝性、不称职以及欺骗性。"[7]

培根在这里指出了感觉的三个具体毛病。首先是迟钝性，指的大概就是感觉的反应太慢，例如天上明明有一颗流星一闪而过，那迟钝的感官却一点也没觉察。其次是不称职，例如我们舌头的主要功能之一就是负责品尝食物，对那些有毒的东西应当有所感觉才是，但它对有毒的东西常常没感觉，照吃不误，甚至觉得它味道好得很。这样的感官当然是不称职的。第三是感官具有欺骗性，将水中直的棍子看成弯的就是欺骗性的例子。

总之，在培根看来，正是由于感官可以感觉到众多事物，而它又具有迟钝性、不称职以及欺骗性，这样一来，它不但不能帮助我们正确地认识事物，反而成了我们正确认识事物最大的障碍。

为什么感官有这样的毛病呢？培根也提到了，他说这是因为"感官的证据或报告往往参照于人，而少参照于宇宙"[8]。

这就是说，当感官感觉外物之时总是比较主观的，只参照了自己的主观印象，而不去参照客观的事物。同样如水中的棍子吧，为什么看上去是弯的？就是因为它只参照了我们的眼睛，在我们的眼睛这个感官里它的确是弯的，这一点也不假——所以奥古斯丁因此说，感官实际上是不会欺骗我们自己的，但这就是产生错误的原因，倘若它参照了宇宙之中的其他事物，那么就不难认识到它实际上是直的，弯只是一种错觉罢了。

这样说当然是有道理的。不过，虽然对感觉进行了不少批评，我们可不要以为培根对感觉与感官是全盘否定的。他对感觉也是有所肯定的，例如认为："感觉确乎能骗人，不过同时它们还能够供给人们以方法来发现它们的错误。"[9]

这就是说，感觉虽然能够骗人，但它并没有将人一骗到底，使人必然地产生错误的认识，而是提供了一些方法来让人纠正错误。这也是很明显的，例如我们不会因为水中的棍子看起来弯，就认为它是弯的。为什么？就是因为感觉另外提供了一些方法来让我们发现这个错误，例如只要我们仔细地看看水中的棍子，就会发现它弯得有些不正常，那曲折的角度很怪，和通常棍子的弯法很不一样，所以自然会怀疑它是不是真的弯。这些都是感觉提供给我们的方法，使我们纠正错误或者不要为错误所蒙蔽。

此外，培根还认为，感官的另一个好处是它"虽然不能恒常直接报告真理，但是借着比较研究，借着运用工具以及其他机括，我们可以把感觉所不能理会到的微妙事物，弄得可使感官觉察到几分"[10]。

这就是说，感觉虽然不能经常直接地告诉我们事物的真实面貌，也不能感觉到许多"微妙事物"，例如我们看不到千米之外的一只美丽的鸟儿，也听不到千里之外美妙的歌声，但我们可以用一个望远镜清楚地看到，也可以通过收音机听到哪怕是万里之遥的一场音乐会上的美妙歌声。这里要注意的是：虽然得到了望远镜和收音机的帮助，但依然是我们的感官得到了这些感觉，并且是正确的感觉。这是很重要的，也是感觉之重要性的根本。这个根本就是：无论经过什么样的复杂程序，例如逻辑的或者科学的程序，但这一切依然要依赖感觉，并且那最后的结果依然是一种感觉。

例如水中的棍子无论是弯的还是直的，最后总得由眼睛来看到它究竟是怎样的！哪怕是我们的感官与感觉远远不能直接触及的最遥远的天体，当它通过各种方式例如哈勃太空望远镜被观察到之后，最后怎么为我们所知呢？当然是依靠我们的眼睛！而得到的依然是一种感觉，这是我们一定要注意的，也是感觉之重要性的根本。哪怕是最理性的知识，例如爱因斯坦的相对论，没有感觉与感官会产生吗？当然不可能！例如爱因斯坦是通过观察人在电梯中的运动而想到相对论的，那也是感觉！

总之，无论我们对感觉有这样还是那样的抱怨，一定要注意的是：感觉永远是必需的。没有感觉，我们什么知识也得不到，什么知识也不能产生。因为归根结底，如培根所言："知识是以感官为起点的。"[11]

黑暗中的烛光

说完了培根对感觉的认识之后，我们再来看他对与之相关的经验的认识。

首先，经验对培根是非常重要的，这我们已经多次说过了，因为若讲到培根在西方哲学史上的身份，他乃是一个"经验主义哲学家"，和罗吉尔·培根或者洛克一样，是整个西方哲学史上最重要的经验主义者之一。所以黑格尔这样赞美培根："培根被认为是经验哲学的首领；在这个意义上，他是万古留名的。"[12]

为什么呢？黑格尔也说了："没有经验科学的自觉发展，哲学就不能前进一步，胜过古代人。"[13]

这就是说，在黑格尔看来，哲学之所以能够在古代——古希腊罗马与中世纪——之后取得进步，靠的主要就是经验科学的发展。这也是与西方哲学史的实际情形相符合的。我们知道，近代西方哲学实际上是从培根开始的，他也是所有近代西方哲学家当中最年长的一个，也因此柯普斯登甚至将他放到了文艺复兴时期去讲。近代西方哲学之所以能够更进一步，依靠的主要就是经验科学的进步，而这进步的第一个启动者就是培根。所以，"经验+培根"就是近代西方哲学之源起了。

作为经验主义哲学家，培根当然十分重视经验。他认为科学是重要的，只有通过科学我们才能获得真理性的认识，然而科学在中世纪已经被埋没了，实际上，在他看来，自从古希腊的自然哲学时代之后，科学就被埋没了。因此，倘若我们要正确地理解世界，获得真理性的知识，就必须使那源自古希腊的自然哲学获得新生，而这也是科学的新生。只有这样我们才有获得知识与真理的希望。什么是科学的新生呢？它的基础就是经验，只有在经验的基础之上才能建造起新的知识大厦，对此他是这样说的：

> 除非有科学的新生，希望是没有的。而所谓科学的新生则是把它从经验上有规则地提高起来并重新建造起来。[14]

他也看到了，在过去的时代，例如中世纪甚至古希腊自然哲学之后的时代，人们对于经验采用了一种鄙视与抛弃的态度，而这样的结果就是我们再也无法获得真理性的知识。甚至，由于经验被抛弃了，我们走向真理的"真正的道路"也就此被封锁与断绝了：

> 对于经验，且不说是予以放弃或处理不善，乃竟是以鄙视的态度而加以排斥；因而最后就走到了这样一种地步：真正的道路不只是被放弃了，而竟是被锁断和堵绝了。[15]

由此可以清楚地看到培根是何等重视经验，这与他对感觉的批评形成了鲜明的对比。

这也许看上去有些令人奇怪，经验不就是感觉吗？怎么能够将之对立起来，重视一者而轻视另一者呢？

其实个中原因是好理解的，即对感觉与经验的具体理解。在培根那里，感觉乃是我们直接的感知，例如看到天上的日月星辰与地上的花草树木，听到风声雨声读书声、闻到香味臭味焦煳味，诸如此类，这些直接的感觉就是培根所批判的感觉了。而经验则是经过了一定加工的感觉，以水中的棍子为例，我们看到它是弯的，这个直接的印象就是感觉而不是经验，经验则是虽然我们看到水中的棍子是弯的，但我们知道它实际上是直的，这就是经验了！所以，经验也可以看作是经过了进一步的验证的正确的感觉。

这样一来，培根批判感觉肯定经验就完全可以理解了。

但另一个问题来了，我们怎样才能获得正确的经验呢？

这时培根就提出他的观点来了，这也是他在哲学史上极具开创性的一个重要观点，那就是实验。即我们通过实验就可以对感觉作出正确的判断，从而获得可靠的经验。而在获得这样的经验之后，我们就可以进行各种各样的论证了，例如论证水中的棍子究竟是弯的还是直的，或者论证水中的棍子为什么明明是直的而看上去是弯的，或者大地看上去是平的实际上是一个球体。这些论证都可以通过经验进行，而经验也是最好的论证方式。例如倘若一个聪明人通过长期在港口观察远方归来的船儿，会得到这样的经验：最先看到的总是船的桅杆之顶，然后随着船儿越来越靠近，慢慢地从上往下可以看到越来越多的船身了。这个经验就说明了地球并不是平的而是一个球体。

不过，与此同时，培根也指出，虽然最好的论证当然就是经验，但我们在论证之时也要注意不要对之进行盲目的扩展，而要局限于"实际的实验"。就是说不能运用那些没有经过实验证明的经验，否则就不能免于谬误了。[16]

例如一个观察者站在大海边，看到大海一望无际，似乎是平平坦坦的，所谓"水平如镜"，于是就据此认为大地是平的。——其实中国的古人一直认为"天圆地方"，这里的方除了方形之意，还有平坦之意。这样的经验当然是错的，是没有经过检验的，只是一种简单粗浅的主观感觉而已。

所以，在我们分析培根对经验的重视之时，首先要注意他的经验并不是简单的感觉经验——对那种经验他是持否定态度的——而是经过了检验与整理的经验，这样的经验乃是我们发现真理的基础与出发点。他称之为"真正的经验的方法"：

> 真正的经验的方法……首先点起蜡烛，然后借蜡烛为手段来照明道路；这就是说，它首先从适当地整列过和类编过的经验出发，而不是从随心硬凑的经验或者漫无定向的经验出发，由此抽获原理，然后再由业经确立

的原理进至新的实验。[17]

在这里，培根将他的真正的经验的方法比喻为黑暗中的烛光，倘若我们要在黑暗中行走，首先当然要点亮这蜡烛，这样才能照亮通向前方的道路，这也就是探索知识与真理之路。

培根也说明了，当我们利用经验之蜡烛点亮这条真理之路时，并不是随便什么经验都能够成为合格的蜡烛，例如那些"随心硬凑的经验或者漫无定向的经验"就不行，这样的经验实际上就是普通的感觉。经过了加工整理的可靠的经验，我们或许可以称之为"科学经验"。

培根最后还说，在以那可靠的经验为基础获得真理性的认识（即原理）之后，我们就可以再以此为基础，向新的"实验"进发了，所以经验的下一步就是实验。

我们现在就来分析这个"实验"。

蚂蚁、蜘蛛与蜜蜂

实验的意思我们很清楚，培根讲的也基本就是我们日常说的这个意思，不过他在《新工具》里有一个比较哲学化的解释：

> 这种经验，如果是自行出现的，就叫作

偶遇；如果是着意去寻求的，就叫作实验。[18]

从这里就看得出来，实验与经验是密切相关的，区别就在于有些经验是无意中偶然得到的；倘若这经验不是无意中偶遇的，而是有意为之的，那么它就是实验了。

这话看上去有些绕，但实际上很好地诠释了实验的本质。试问我们为什么要做实验呢？做实验当然不会是盲目的，我们总是先在心中有了某一个目的之后才会去做实验的，如获得更为可靠的数据或者证明某个猜想。例如当初发明电灯泡之时，爱迪生用了上千种材料做实验。为什么要这么干？就是为了获得一种可以做灯丝的物质，这是有着明确目的的。所谓的实验实际上都是这样，这个目的换言之就是培根所说的"有意为之"。

实际上，培根的离世就是因为这样的"有意为之"，我们前面讲培根生平时就说过，培根有一次在寒冷时节杀了一只鸡，可不是为了吃，而是为了实验目的，看能否用雪防止尸体腐烂，结果受了风寒，因此而丧生。

培根对这样的实验是极其重视的，对此他曾这样说：

> 我并不十分看重感官的直接本有的知觉，我只是要使感官在判断实验上尽其职务。使实验在判断事实上尽其职务。[19]

培根在这里说明了他不十分看重直接的感觉，当然这并不意味着他不重视感觉。我们说过，没有感觉是不行的，因为没有感觉我们什么也干不成。但他之所以重视感觉并不是为了直接地由之获得知识，而是为了实验，因为做实验当然也是需要感觉的，这就是感官与感觉的"职务"了。培根认为感官只要尽这个职务就可以了，而只有实验才能够判断事实本身，这个判断过程实际上就是我们获取真理性的知识的过程。例如当培根做那个冻鸡的实验时，他的感官的主要任务就是负责这个实验的过程，而实验的目的就是要判断雪是否能够防止鸡的尸体腐烂。倘若培根不死的话，他就会在几天之后挖出这只鸡来，看是否腐烂了。倘若腐烂了，就说明雪不能防止尸体腐烂，而倘若没有腐烂，就说明雪能防止尸体腐烂，这就是实验的"判断事实"之功能了。

为什么培根要这么轻视感官而重视实验呢？他也作出了说明：就是因为只有这样的实验才能对自然有比较真理性的解释。这又是为什么呢？培根说，这是因为我们可以通过实验"触及自然中的要点和事物本身"：

> 一种比较真正的对自然的解释只有靠恰当而适用的事例和实验才能做到，因为在那里，感官的裁断只触及实验，而实验则是触及自然中的要点和事物本身的。[20]

这里的"感官的裁断只触及实验"就是我们刚刚说过的情形了，例如培根做冻鸡的实验时，他的感官的主要任务就是看见实验的过程。而实验的"触及自然中的要点和事物本身"就是判断是否可以用雪防止尸体腐烂，并且由此而得到结论。在培根看来，这样的结论就是自然中的要点，是关系到事物本质特性的东西。

也许有人看到这里时会说，这没有什么奇怪啊，实验不一直有人做吗？例如亚里士多德，他做的实验尤其是动物学实验可多了去了，还有与培根大致同时代、比他还要小三岁的伽利略，他不也做过许多天文学与物理学实验吗？

对于这些，培根当然也是知道的，不过他对于同时代的人所做的实验大加抨击，例如他说："现在人们做实验的办法却是盲目的和蠢笨的。"[21]

在这里培根批评了当时人们做实验的方法，认为他们所用的方法不行，既没有明确的目的，做起来时又笨手笨脚，这样的实验当然得不出可靠的结论了。

他还更具体地分析说：

> 人们之做试验总是粗心大意，仿佛是在游戏；只把已知的实验略加变化，而一当事物无所反应，就感到烦倦而放弃所图。[22]

他在这里说的是当人们做实验之时并不是抱持着一颗严肃的科学探究之心，而是像在做游戏一样随随便便，并且缺乏恒心与毅力，一遇到挫折就立刻退缩。这些话都是好理解的，不过在我看来，这里有两点要注意：

一是培根这样说的目的主要并不是批判他人，而是为了表扬自己，赞美他自己的实验之法，并且进一步地赞美他的科学研究之法即我们后面马上要说的归纳法。

二是培根这样说并不是很有道理，至少在科学上不是这样，我们可以用一个最简单的例子反驳他，那就是伟大的伽利略。他和培根处于同一时代，只比培根小三岁。伽利略做了很多了不起的实验。例如他将运动分为匀速运动与变速运动两类，并将匀速运动定义为"在任何相等的时间间隔内，通过了相等距离的运动"。在这个基础上，伽利略进一步说，如果要判断一种运动是不是匀速运动，只要看它是否在相等的时间内经过了相同的距离，如果在相等的时间内经过的距离不同的话，那么它就不是匀速运动，而是变速运动了。更进一步地，如果在任何相等的时间间隔内有相等的速度增量，就可以认为这种运动是一种匀加速运动。这里，伽利略确立了经典力学中一个基本概念——加速度。

为了理解运动规律并且得到有关的科学定律，伽利略做了许多运动实验，其中一个就是"斜面实验"。

他做了一块长度超过10米的木板，在中间挖一道槽，并将之加工得十分光滑以减少阻力。然后将一个球体在上面滚动并记录每一次滚落到底端所需的时间，并在实验中不断调整木板的高度。他还用两个球，一个在木板上滚动，另一个则让它在相同的高度自由下落。有时他将两块这样的木板并在一起变成一个"V"形斜面，让球从一边滚下，再看它能够滚上另一斜面多高，然后将一边的斜面不断调低，再看球是不是能滚得更远。如此反复实验，十次、一百次、一千次。伽利略发现，如果不考虑摩擦阻力，球也不受外力作用，那么当一边的斜面放到水平状态时，球将作永不停止的匀速直线运动。这种现象我们现在称为惯性，这可以说是伽利略发现的，后来，牛顿正是在这个基础上发现了牛顿第一运动定律，即惯性定律。

请问，伽利略所做的这样的实验是盲目的、蠢笨的、粗心大意的或者"仿佛是在游戏"吗？当然不是。虽然，培根可能并不清楚这些实验。不管怎样，培根说"现在人们做实验的办法却是盲目的和蠢笨的"，并不符合当时的事实。

当然，倘若从另一个角度看，培根这样说也有他的道理。伟大的伽利略，当他做这些精细的实验之时，他也并没有采用系统的逻辑方法，也就是培根的归纳法，所以从培根的角度看，说它有些盲目也是可以理解的。

不止科学，培根对于人们的哲学研究同样提出了相似的批判，他说：

一般说来，人们在为哲学采取材料时，不是从少数事物中取得很多，就是从多数事物中取得很少；这样，无论从哪一方面说，哲学总是建筑在一个过于狭窄的实验史和自然史的基础上，而以过于微少的实例为权威来作出断定。[23]

　　当然，这里的哲学也是科学，不过在培根那里，哲学与科学本来就是一体的，他对哲学的批判就是对科学的批判，反之亦然。在他看来，人们在哲学研究之时，有一个大毛病就是基础太过狭窄，这里的基础指的就是对自然的观察与实验。培根认为，哲学家们总是倾向于将很少的例子当成权威，并且从中得到广泛的结论，例如关于世界万物的本质的结论，这是很成问题的。

　　培根的这个思想是很深刻的。他在这里实际上强调了两点：一是哲学的结论是从对外在世界之事物的观察与实验中得到的，简言之就是哲学是对世界的解释；二是他认为哲学要合理地解释世界就必须尽可能广泛地接触事物，这样才能有广泛的基础以获取可靠的结论。

　　这两点都是非常正确而深刻的，我们此前已经作出过分析，此后也还会分析，这里就不再多说了。

　　还有，在我看来培根的这种批评恰恰击中了中国传统哲学中的缺陷，就是从对世界的一种十分简单的观察就得出普遍性的结论，不用说这种结论总是大而化之的，虽然不能说没有道理或者错误，但是相当粗浅，缺乏深刻性与系统性。典型的例子是《吕氏春秋》中的这一段：

> 故审堂下之阴，而知日月之行，阴阳之变；
> 见瓶水之冰，而知天下之寒，鱼鳖之藏也。
> 尝一脟肉，而知一镬之味，一鼎之调。[24]

这真是将培根所说的"从少数事物中取得很多"推向极端了！在我看来，这乃是我们中国哲学的最大的缺憾之一：我们总是对事物缺乏细致入微的认识与分析，结果就只能得到一些大而化之的大道理，这些道理即使没有明显错误，也不可能让人对事物的本质有深刻的了解，更不可能由此得到科学的理论。相对而言，这就是西方哲学的优势了：西方哲学家们如亚里士多德与培根总是对事物进行广泛而深入的观察与分析，再在此基础上得到各种哲学与科学理论，并且可以由此产生许多伟大的非理论性的东西。西方的坚船利炮究其根本就是这么来的。

我们前面分别讲了培根对感觉、经验与实验的理解，相对来说，培根轻视感觉、关注经验、重视实验。但实际上，若从更为根本与广泛的角度分析，培根对这三者都是重视的，认为它们缺一不可，只有将这三者结合起来才能获得真正科学的知识，对此他有一段很著名的话：

> 历来处理科学的人，不是实验家，就是教条者。实验家像蚂蚁，只会采集和使用；推论家像蜘蛛，只凭自己的材料来织成丝网。而蜜蜂却是采取中道的，它在庭园里和田野里从花朵中采集材料，而用自己的能力加以变化和消化。哲学的真正任务正是这样，它既非完全或主要依靠心的能力，也非只把从自然历史和机械实验收来的材料原封不动、囫囵吞枣地累置在记忆当中，而是把它们变化和消化而后放置在理解力之中。这样看来，要把这两种机能即实验的和理性的这两种机能，更紧密地和更精纯地结合起来（这是迄今还未做到的），我们就可以有很多的希望。[26]

在这里培根用三种动物，蚂蚁、蜘蛛与蜜蜂来比喻三种研究哲学或科学的方式，蚂蚁只知道收集材料，并且对之进行一种简单而直接的使用，例如收集死虫直接当成食物吃掉，这就是比喻那些只重视感觉与经验的人。蜘蛛则吃的是虫子，吐出来的却是和虫子没有什么相似之处的丝网，这就指的是那些教条者了。因为他们不重视经验，甚至不看这个世界本身，而只是根据一些古老的教条去推出各种结论，将之当成哲学的理论，这样的理论当然不会是正确的。而蜜蜂显然是最好的，因为它一方面吸收了花蜜，同时又会自己利用花蜜来加工，酿造成美味芳香的蜂蜜——这就是培根理想中的哲学家了。

培根的这段比喻是十分有趣的，即使到了现在还管用。现在哲学界也有许多蚂蚁，他们大量地收集各类材料，然后用剪刀加浆糊造出一本本教科书，里面压根儿没有自己的思想。另一些人则几乎不读或者极少读哲学著作，但成天想着要创造一个伟大的哲学体系，能解决所有哲学问题甚至能解释整个宇宙。

所以，要想成为真正的哲学家，得到真理性的知识，就必须像蜜蜂一样，一方面要利用我们的感官勤奋地感觉世界、广泛地从自然之中搜集材料，得到丰富的经验；另一方面还要对这些材料进行深入的思考，做必要的实验。

简言之就是要将感觉、经验与实验结合起来才能获得真理。

感觉、经验与实验也可以看成是我们走向真理的三个具体步骤，简言之就是三步真理法。其实我们还应当更往前一步，结合前面的四假象说，才可以得到走向真理的完整程序，这里简单总结如下：

首先我们要冲破自身和社会传统等因素导致的假象，然后要将感觉、经验与实验结合起来。经过这样两大程序之后，形成一个有机整体，就构成了一条通向知识之道。

这条"道"中的每一步都不能省略，它们都是横亘在我们通向知识宝藏之路上的关隘，只有将它们一一征服，才能最后进入宝库，得到无价之宝——知识与真理。

注　释

1　《工作计划》，转引自《培根及其哲学》，余丽嫦著，人民出版社，1987年12月第1版，第227页。

2　《哲学史讲演录》（第一卷），（德）黑格尔著，贺麟、王太庆译，商务印书馆，1959年9月第1版，第300页。

3　《上帝之城》（上卷），（古罗马）奥古斯丁著，王晓朝译，人民出版社，2006年12月第1版，第478—479页。

4　《古希腊罗马哲学》，北京大学哲学系外国哲学史教研室编译，商务印书馆，1961年5月第1版，第358页。

5　《十八世纪法国哲学》，北京大学哲学系外国哲学史教研室编译，商务印书馆，1963年10月第1版，第128页。

6　《工作计划》，转引自《培根及其哲学》，第227页。

7　《新工具》，（英）培根著，许宝骙译，商务印书馆，1984年10月第1版，第27页。

8　《工作计划》，转引自《培根及其哲学》，第228页。

9　《工作计划》，转引自《培根及其哲学》，第228页。

10　《崇学论》，（英）培根著，关琪桐译，商务印书馆，1938年6月第1版，第163页。

11　《新工具》，第259页。

12　《哲学史讲演录》(第四卷)，（德）黑格尔著，贺麟、王太庆译，商务印书馆，1978年12月第1版，第20页。

13　《哲学史讲演录》（第四卷），第21页。

14 《新工具》，第 83 页。

15 《新工具》，第 65 页。

16 参见《新工具》，第 48 页。

17 《新工具》，第 64—65 页。

18 《新工具》，第 64 页。

19 《工作计划》，转引自《培根及其哲学》，第 230 页。

20 《新工具》，第 27 页。

21 《新工具》，第 48 页。

22 《新工具》，第 49 页。

23 《新工具》，第 36 页。

24 《吕氏春秋·察今》。

25 《老子》，第四十七章。

26 《新工具》，第 81—82 页。

第七讲 对"二圣"的批判

　　培根的哲学或者说科学的目标就在于追求真理，即对自然界形成一种真理性的认识。前面已经讲过了走向真理的前两步，现在还不能说完全得到了真理，因为还有最后一步要走。这一步实际上已经蕴含在此前的过程之中了，但我们在此必须进行特别分析，因为它才是培根最了不起的哲学工作——他的新逻辑学。

　　为什么这工作最了不起呢？因为在追求知识与真理的过程中，培根为人类做出的最大贡献并非具体的真理，而是发现了获得真理的新方法，这新方法就是他的新逻辑。

　　对于这新逻辑的意义，我们可以打个比方：

　　一个高明的大夫，哪怕他一天工作十八小时，一小时救四个病人，一天可以救七十二个，一生行医五十年，一共能治好的病人不过二十万——对于临床大夫而言这已经是天文数字了。然而有的人一生所救的病人却远远超过最好的大夫，一百万都不止。这是什么样的大夫呢？

这就是发现新疗法的大夫。例如琴纳，他发明了种牛痘的方法，每年有许多儿童因之保住了生命。还有伊戈纳斯·塞梅尔斯，他找到了诊疗产褥热的方法。在他发明这个方法以前，每年有无数母亲和她们新生的孩子因此病而死去，他的新疗法挽救了许多母亲和她们孩子的生命。

医学如此，哲学亦如此。为了知识与真理而奋斗的哲学家所能做的最大贡献也不是一个个具体真理的发现，而是找到一种追求真理、达到真理的方法。倘若经由这个方法人们能更快更好地达到真理，那么他就像医学界那些找到新治疗法的人一样，是为知识与真理做出最大贡献的人。

不过，在讲培根的新逻辑之前，我们先要来批判一下旧逻辑。

实际上，培根在这里批判的不只是旧逻辑，而且也是对西方传统哲学尤其是其主要代表柏拉图与亚里士多德这"二圣"的猛烈批判。

培根对旧逻辑以及当时正流行的其他研究方法的批判是严厉且详细的。为什么要如此？因为不破不立，培根正是在批判旧逻辑的基础上建立新逻辑的。

还有，我们知道，古希腊哲学一向被看作是整个西方哲学的起源，从某个角度来说也是西方哲学的巅峰。与科学在不停地发展、已经大大超越了古希腊大为不同，西方哲学并没有超越，比如不能说古希腊之后哪个伟大的哲学家已经超越了柏拉图与亚里士多德，倘若这样说，这个人一定会被认为是无知与狂妄，直到今天依然如此。这也和今天中国的情形一样，倘若谁说哪个先秦之后的哲学家超越了老子、孔夫子，那么一定会被认为是狂妄与无知。因此，西方从古至今的哲学家都一向极为尊崇古希腊哲学家，尤其是柏拉图与亚里士多德，将他们看成是无与伦比的。乔叟曾经在他的《坎特伯雷故事集》里记录了那时的学者们对亚里士多德的崇拜。有位学者很是得意洋洋，他之所以如此，是因为：

在他床头摆着二十本
亚里士多德的哲学书，
精装封面有红又有青。

但丁在他的名著《神曲·地狱篇》里也有这样一段话：

当我把眼皮抬得稍高时，
我看到智者们的大师，
坐在一群哲学家的中间。
大家注视他，大家尊崇他；
这里我看到苏格拉底和柏拉图，
他们在余者之前，立得和他最靠近。

这里的"智者们的大师"就是亚里士多德了，他一向被认为是古希腊甚至整个西方学术世界最伟大的人物。所以《不列颠百科全书》中也有这样的话：

> 亚里士多德的思想已成为文明的一部分，
> 其范围有多大，无论怎样估计都不为过。[1]

从这些可以看出来古希腊哲学特别是亚里士多德在西方世界受到何等的尊崇，但在那无数的赞美者当中也有一个异类，他就是培根。不用说，这种声音是极为独特的，而且，当我们听过他发出来的这些"异声"之后，会看到不无道理。因此值得我们在这里多说几句。

培根批判的对象主要有两个：一是几乎整个古希腊哲学，二是古希腊哲学家中最伟大的亚里士多德，特别是他的逻辑学。我们下面就分别述说。

最坏的哲学

培根虽然尊崇古希腊文明中的某些内容，例如古希腊的自然哲学，也就是苏格拉底之前的古希腊哲学，但对于古希腊文明的整体却持否定态度，至少在有关科学的问题上是如此。这从他以下这段话就可以看出来：

我们所拥有的科学大部分来自希腊人。罗马的、阿拉伯的或后来的作者们所增加的东西是不多的，也没有多大重要性；而且不论所增加的是什么，也是以希腊人的发现为基础。现在且看，希腊人的智慧乃是论道式的，颇耽溺于争辩；而这恰是和探究真理最相违反的一种智慧。[2]

看到了吧，培根认为希腊人太喜欢争论了，他认为这种对争论的爱好与对真理的追求是背道而驰的。这也就是说，在培根看来，倘若以古希腊人的思想为出发点去追求真理，那就是缘木求鱼，必然求不到的。

　　此外，培根还认为，希腊人的智慧之所以有限，是因为希腊人处在遥远的古代，那时候人类文明尚处于童年，因此这智慧也像一个处于童年时期的人一样：他们当然可以进行各种各样的谈论甚至争论，就像我们日常看到小孩子们也能够说话并且相互争辩一样。将之放到哲学上说就是，古希腊人因为处于智慧的童年，他们的智慧也可用来谈论与争论，但却如儿童不能生孩子一样不能产生"实效"，对此培根说：

　　　我们主要从希腊人那里得来的那种智慧，

只不过像知识的童年，具有着儿童的特性：
它能够谈论，但是不能生育；因为它充满着
争辩，却没有实效。[3]

读到这里，我不由想起了两小儿辩日的典故：

　　孔子东游，见两小儿辩斗，问其故。一
儿曰："我以日始出时去人近，而日中时远也。"
一儿以日初出远，而日中时近也。一儿曰："日
初出大如车盖，及日中则如盘盂，此不为远
者小而近者大乎？"一儿曰："日初出沧沧
凉凉，及其日中如探汤，此不为近者热而远
者凉乎？"孔子不能决也。两小儿笑曰："孰
为汝多知乎？"[4]

两个儿童也可以进行这种哲学式的辩论，但他们能够由此
得到知识甚至找到真理吗？诚然是不能的，这里的知识与
真理就是培根的"实效"之含义了。
　　培根还具体地批判了古希腊的一些哲学家，例如那些
智者，培根称之为诡辩家：

　　诡辩家这一名称，虽为那些愿被认作哲
学家的人轻蔑地抛回而转敬给古代修辞学者

高嘉斯、蒲鲁台高拉斯、喜庇亚斯和普拉斯等人，实也大可适用于这类人全体，包括柏拉图、亚里士多德、齐诺、伊壁鸠鲁、笛欧弗拉斯塔斯和他们的继承者克里喜伯斯、卡尼底斯以及余人在内。总之，这两群人的不同之处仅在：前者是漫游的、图利的，往来于各城市之间，挂出他们的智慧来出售，并且收取价钱；而后者则高自位置，表现尊严，有固定的寓所，开设学校来讲授他们的哲学而不收取报酬。这两种人在其他方面虽不相等，却同是论道式的，同是把事情弄成争辩。[5]

这里的有些译名和现在有所区别，高嘉斯、蒲鲁台高拉斯、齐诺、笛欧弗拉斯塔斯、克里喜伯斯、卡尼底斯现在一般译为高尔吉亚、普罗泰戈拉、芝诺、塞奥弗拉斯特、克吕西普、卡尔内亚德。培根在上面列举的这些人可以说将古希腊哲学的精华一网打尽了。在培根看来，这些人不管是不是诡辩家，都有一个共同点，就是都将哲学弄成争辩了。而我们前面刚说过，在培根看来，不管争论是否与真理背道而驰，只要沉迷于争论之中，那就和真理南辕北辙。

看到这些话，一般的西方哲学研究者一定会大光其火的，认为培根简直是胡说八道。他的确有些"胡说八道"，但我们若继续往后看，看完培根的整个思想尤其是他的逻辑学思想之后，就会理解培根为什么这么说了。简言之那是因为培根所追求的哲学与我们今日理解的哲学是有区分的，他的哲学主要是一种科学。请问我们可以通过争辩的方式发现科学真理吗？当然不能！科学的真理只能来源于实践的探究活动，来源于观察与实验，不可能来源于空洞的争辩。因此倘若我们想追求科学真理，便不可能于争辩中寻得。

还有，在培根的这些批判对象之中，其他人还好说，他将两位我们视为至尊的古希腊哲人——柏拉图与亚里士多德——也包括在内。一般人一定会认为简直是岂有此理，是一种亵渎！然而，在培根对古希腊的批判之中，他批判得最厉害的恰恰就是柏拉图与亚里士多德，例如他说：

> 当野蛮人泛滥到罗马帝国使人类学术遭到沉溺之祸的时候，亚里士多德和柏拉图的体系乃像几块较空、较轻的船板漂浮于时间的浪头而独获保存下来。[6]

他认为即使在受到他批判的古希腊哲人中，柏拉图与亚里士多德相对而言也是更加有问题、更糟糕的。至于为什么他们的著作与思想直到今天还存在，而许多其他哲学家尤其是他所尊敬的自然哲学家的著作反而消逝在历史的长河里，恰恰是因为前者不行。时光就如流水，更轻的东西当然更容易浮起来！也就是说，柏拉图与亚里士多德的思想与著作正因为它们是"轻"的，即不重要的、肤浅的，所以才被保留下来了。

这样贬损柏拉图与亚里士多德的确是很罕见的！

培根对他们的批判可不止于此，同样在《新工具》中，他还将错误的哲学分为三种：诡辩的、经验的和迷信的。他说："第一类中最显著的例子要推亚里士多德。他以他的逻辑败坏了自然哲学。"[7]

这种观点当然又与传统的看法是大相径庭的，传统的看法就如黑格尔所言："（亚里士多德的）这个逻辑学乃是一部给予它的创立人的深刻思想和抽象能力以最高荣誉的作品。"[8]

不过，培根这样说也有他的道理，我们看到后面就会明白。

对于柏拉图，培根认为他的思想属于第三种错误的哲学，即"迷信"：

> 毕达哥拉斯是一个刺眼的例子，他是把他的哲学和一种较粗糙的、较笨重的迷信联结在一起；另一个是柏拉图及其学派，则是更为危险较为隐微的。[9]

这不用解释，说明在培根看来，柏拉图还不是一般的迷信的哲学，比一般迷信的哲学如毕达哥拉斯的哲学更坏，因为它更加隐晦，所以更容易迷惑人。这就像两个坏人，一个赤裸裸地宣称他就是坏人，另一个则大言不惭地说他是好人，并且装得很像，迷惑了很多人。在培根看来，柏拉图的哲学就是后面这样一种坏法。他甚至认为柏拉图这种掺杂了迷信的哲学乃是最坏的哲学。因为它会产生"最大的危害"："迷信以及神学之糅入哲学，这对哲学的败坏作用则远更广泛，而且有着最大的危害。"[10]

估计这也是直到现在还有人质疑培根在哲学史上地位的原因之一吧！因为培根如此凶狠地批判了哲学史家们视为神一般的柏拉图与亚里士多德，他们怎么能不讨厌、贬低培根呢！这可以说是为他们的两大先师报仇啊！

我想这时候，一定会有人这么质问他："你凭什么这么说？难道这个世界上只有你培根一个人聪明吗？其他人都是傻瓜？柏拉图与亚里士多德的哲学可是受到最为广泛的尊敬与认可的！"

对于这样的反驳，培根早就准备好了答案：

至于说到众皆同意一层，如果我们更明锐地深查一下，则可以发现人们也是受了欺蒙的。因为真正的同意乃是各种自由的判断通过恰当的考验而归于一致。而人们对于亚里士多德的哲学的同意却绝大多数是出于先入为主的判断和依于他人的权威；所以这只是一种苟从与附合，而说不上是同意。[11]

他还引用古希腊一个人物——弗雄（Phocion）的话来佐证他所说的："人们如果得到群众的赞同和喝彩，就应当立刻检查自己是否已经犯了什么错误。"[12]

弗雄是古时雅典的一位将军和政治家，反对雅典的民主制。据普卢塔克记载，他总是不合时宜：

> 无论任何事都跟大家唱反调。某次他在市民大会上提出个人的意见，看到大家都接受而且表示赞许，这时他转过头来问他的朋友，说道："难道我一时大意说了些什么蠢话？"[13]

倘若我们仔细看，会发现培根的这个论述其实是有问题的，因为他在前面说，人们之所以普遍赞同亚里士多德，是因为受了他的蒙骗。言下之意是：倘若不是因为受了蒙骗，人们是不会赞同亚里士多德的，也就是大众本来是很聪明的，只是一时被蒙蔽罢了。但他后面用弗雄的这个例子则是说，人民大众一向就是很糊涂的，只会赞同错误的东西。倘若这样，那么就不能说大众是被亚里士多德欺蒙了，而应该说大众一定会赞同亚里士多德，因为他们总是赞同错误的观点嘛!

所以培根在这里的论证是自相矛盾的。

不过,他说大众是因为先入为主而赞同亚里士多德的,这个说法却是有可能的,因为柏拉图与亚里士多德的确自古以来就受到极广泛的尊崇,大家一听到他们的名字就肃然起敬,自然而然地就会认为他们说的都是正确的了!

但这里面也存在着两种可能:一是他们本来就是正确的,所以无所谓先入之见;另一种可能是他们是错的,但大众的先入之见认为他们是对的。究竟是哪种可能呢?这就是另一个问题了。

此后,培根更对包括柏拉图与亚里士多德哲学在内的、除自然哲学之外的整个古希腊哲学进行了全面的批判:

> 直到现在,我们还没有一个纯粹的自然哲学,所有的都是被点染过并被败坏了的:在亚里士多德学派那里,它是被逻辑所点染所败坏;在柏拉图学派那里,它是被自然神学所点染所败坏;在后期新柏拉图学派,如扑罗克拉拉斯及其他诸人那里,它又是被数学——那是只图给予自然哲学以确切性,而并不图生发它或产生它——所点染所败坏。[14]

这里的扑罗克拉拉斯我们一般译为普罗克洛,他乃是新柏拉图主义的代表之一，将古希腊哲学的晦涩推向了高峰。在培根看来，纯粹的自然哲学——也就是自然科学——在他的时代或者之前的时代之所以没有产生，就是因为从柏拉图、亚里士多德到新柏拉图主义这些人使的坏，他还具体地说明了他们是怎样使坏的：例如亚里士多德通过他的逻辑学使坏，柏拉图通过他的神学使坏，新柏拉图主义则通过数学使坏。这三者恰恰就是他们各自思想的主要特征，例如亚里士多德的最伟大创造是逻辑学，柏拉图思想之中最重要者乃是神学。这和我们一般的认识不同，但倘若我们深刻地了解柏拉图，就会发现柏拉图哲学的这个秘密。也正因为如此，柏拉图才成了中世纪神学第一个伟大的启导者，与托马斯·阿奎那齐名的奥古斯丁就是以柏拉图的思想为背景与方法去建立他的神学体系的。至于说到普罗克洛的数学，培根应该是指他的三一说，三一说乃是极其晦涩的。在培根看来，这些都败坏了自然科学，直到他所在的时代，都没有建立起一套行之有效的科学理论体系。

这些批判，总的来说是没有道理的，即便有理由，也的确没有道理，不过我们姑妄听之。

成事不足，败事有余

在上面的批判之中，培根批判得最狠的就是亚里士多德了。

这是有理由的，这理由就存在于培根最重要的成就——新逻辑学——之中。培根之所以要狠批亚里士多德，是因为亚里士多德创立了一套逻辑学，这套逻辑学一向被认为是亚里士多德最伟大的贡献，直到培根的时代，依然牢牢地统治着人们的思想，而培根认为它恰恰阻碍了科学的发展。

更具体地说，他批判得最狠最多的乃是亚里士多德逻辑学中的主体——三段论。

我们现在就来看看他是怎样批判的。

三段论实际上是一种演绎法，是从普遍原理出发推导出个别结论的方法。例如由"天下乌鸦一般黑"这个普遍性的前提可以推导出某只乌鸦——我们姑且叫她美美，一定是黑的，尽管我从来没见过这只叫美美的乌鸦。

下面是这个推论过程完整的表达式：

　　　　天下乌鸦一般黑，

　　　　美美是一只乌鸦，

　　　　所以，美美是黑的。

这个表达式就是亚里士多德逻辑学中的三段论了，三句分别是大前提、小前提、结论。

对于三段论的批判，培根首先从其各个概念入手，也就是上述三段论中的天下、乌鸦、黑、美美。

培根认为一个三段论，或者任何一个论证要成立，首先必须注意一条基本规则，就是命题涉及的各个概念要经得起检验。因为倘若其中的概念没有得到澄清，或使用了一些模糊的概念，那么使用这些模糊概念的命题当然不可能是明确的，更不可能正确。这就像我们想建一座坚固的大厦，可是用的水泥钢筋都是伪劣产品，无论我们如何精心地设计、认真施工，建出来的大厦不可能是坚固的。

培根深刻地发现，以前的哲学家们虽然提了一大堆命题，可它们中的许多概念都是雾里看花、朦朦胧胧，这就使得整个的论证也失去了证明的力量，就像一座大厦因为使用了伪劣的原材料而脆弱一样。对此他说过这样的话：

> 三段论式为命题所组成，命题为字所组成，而字则是概念的符号。所以假如概念本身（这是这事情的根子）是混乱的或是过于草率地从事实抽出来的，那么其上层建筑物就不可能坚固。所以我们的唯一希望乃在一个真正的归纳法。[15]

后面培根还具体地举出来了许多这样的概念，他说：

我们的许多概念，无论是逻辑的还是物理的，都并不健全。"本体""属性""能动""受动"及"本质"自身，都不是健全的概念；其他如"轻""重""浓""稀""湿""燥""生成""坏灭""吸引""排拒""元素""物质""法式"以及此类的概念，就更加不健全了。它们都是凭空构想的，都是界说不当的。[16]

所以，培根认为他的新逻辑方法的第一要务就是要对那些传统的模糊概念重新审定，以明确它们的含义。否则以后无论谈什么都是两个黄鹂鸣翠柳——不知所云。

数百年之后，现代西方哲学中的一个重要学派维也纳学派以及伟大的哲学家维特根斯坦都着重强调了西方哲学中的这个大问题，并且由此开启了现代西方哲学中一个极为重要的大转向。从这个角度看，培根的这种思想是非常了不起的，相当明确地预示了维也纳学派甚至此后西方哲学中的大转向，即语言的转向。可以说，培根乃是这个转向的预言者与思想的先驱。

说完这一点之后，我们再来具体地分析培根对三段论的直接批判。

培根对三段论是很反感的，他说过这样的话：

> 我们纵然承认人们推得了一些正确的原则和公理，但是，关于自然现象，我们仍不能说，中段命题是可以借三段论法，从这些原则演绎出的；也不能说，在借中名词把这些大原则演绎为小原则以后，就可把中段命题推出来。[17]

在这里培根似乎承认大前提是可以成立的，即可以得到一些正确的原理，但他认为至少对于自然现象而言，那中间的小前提即中段命题是不可以推导出来的。这是为什么呢？我们只要看上面的实例就清楚了，例如即使承认"天下乌鸦一般黑"是对的，但我们又如何能够推出"美美是一只乌鸦"正确呢？当然不能，这是不可能推导出来的，也不是一个推导的问题。既然如此，那结论自然不是正确的。

这似乎表明培根对于三段论至少部分是赞同的，例如他赞同大前提。但实际上，培根对三段论是整体否定的，从他说过的这句话就可以看出来：

　　至于我，则竭力排斥三段论法。

　　还有：

　　我不但在原理方面要排斥三段论法，在中段命题方面也要排斥三段论法。[18]

这里的"原理方面"指的就是三段论中的大前提了，培根说他都要排斥，这样一来，那建立在它们之上的结论自然也就不成立了。所以培根实际上是要全面地排斥三段论。

至于为什么要这样，培根也给出过原因，那就是因为三段论作为一种论证手段太过粗糙了，而自然本身是精微奥妙的。请问，一个粗糙的东西能够理解或者论证清楚精微的东西吗？诚然是不能的。打个比方说，自然就像植物中的细胞一样，而三段论则像是一双肉眼，甚至是一双近视眼，请问这样弱视力的眼睛可能看见那么精细微小的细胞吗？当然是不可能的！所以培根说：

> 三段论式不是应用于科学的第一性原理，应用于中间性原理又属徒劳；这都是由于它本不足以匹对自然的精微。所以它是只就命题迫人同意，而不抓住事物本身。[19]

那么，培根的这种批判是否有理呢？

既有理，也没理。

说它有理，是因为亚里士多德的三段论的确有这样的毛病，培根上面的批判也基本上是成立的。

说它没理，是因为培根所批判的三段论的毛病其实亚里士多德自己早就知晓了，因此他虽然提出了三段论，但实际上并没有将之当成得到知识的主要工具，更没有当成唯一的工具。相反，他实际上也如培根一样，在具体的科学探索之中采用的并非三段论而是归纳法。这只要我们翻开亚里士多德数量众多的科学著作就可以看清楚了。并且，亚里士多德在他的著作里对归纳法本身也做过许多的研究，并且对它的意义也是一清二楚的，例如他说过：

我们的学习要么通过归纳，要么通过证明来进行。证明从普遍出发，归纳从特殊开始。除非通过归纳，否则要认识普遍是不可能的。甚至我们称作"抽象"的东西，也只有通过归纳才能把握。[20]

怎样？如果不事先告知这样的话是亚里士多德说的，而说是培根说的也一样自然吧！

此外，亚里士多德的《后分析篇》的开篇是这样的：

一切通过理智的教育和学习都依靠原先已有的知识而进行。只要考虑一下各种情况，这一点便十分清楚。数学知识以及其他各种技术都是通过这种方式获得的。各种推理，无论是三段论的还是归纳的，也是如此。它们都运用已获得的知识进行教育。三段论假定了前提，仿佛听众已经理解了似的。归纳推理则根据每个具体事物的明显性质证明普遍性。修辞学家说服人的方法也与此相同：他们要么运用例证（这是一种归纳），要么运用论证（这是一种三段论）。[21]

这段话单刀直入地表明了知识的一个最简单的起源就是已

有的知识。没有知识是凭空而来的，我们学习或者获得知识就像盖房子一样，是先有地基的，这个地基就是已有的知识。而这已经有的知识是怎么来的呢？实际上就是通过归纳推理来的，"归纳推理则根据每个具体事物的明显性质证明普遍性"，意思就是说，我们正是通过归纳推理来得到那些普遍性的原理，即三段论中的大前提。举上面乌鸦美美的例子来说吧，我们如何能够证明"天下乌鸦一般黑"呢？就是通过归纳，因为我们看到过无数的乌鸦，它们都是黑的，于是就得到"天下乌鸦一般黑"这个基本原理了。总之，对于归纳法的意义亚里士多德是非常清楚的，和培根一样清楚。

黑格尔对此当然也是很清楚的，所以他说：

> （培根）他把归纳法与三段论式对立起来；但是这种对立只是形式上的，任何归纳也都是一种推论，这一点是亚里士多德早就知道的。[22]

黑格尔称培根将三段论与归纳法对立起来，这从上面那段引文中的最后一句"其上层建筑物就不可能坚固，所以我们的唯一希望乃在一个真正的归纳法"，就可以看出来。因为在这里培根说得很清楚：要清除三段论的危害，唯一的办法就是归纳法。培根的说法若从三段论的缺陷与归纳法的优点相比较而言是有道理的，但倘若是以此来针对亚里士多德，这种批判就没有道理了，原因我们说过，因为亚里士多德自己早就知道了这一点，并且他在实际探索知识的过程之中也不是这样做的，所以黑格尔在谈到亚里士多德的三段论时还说：

> 亚里士多德并不是依照这些三段论的形式来进行思维的。如果亚里士多德这样做的话，那他就不会是我们所认识的这个思辨的哲学家了；如果他依据这些普通逻辑的形式，他的命题、观念就没有一个能够被建立、被断言、被主张。我们不应该以为，亚里士多德之所以是思辨的哲学家，是因为他依照"工具论"中的这些形式进行了思维和论证；如果他这样的话，他就不能前进一步，因为他可能连一个思辨的命题也得不出。[23]

黑格尔的这个说法诚然是有道理的，这道理我们前面已经说得很清楚了。

以上我们分析了培根对古代思想家们尤其是亚里士多德的批判，对于这些批判的成立与否我们也作出了分析。不过，倘若我们看过培根的作品《论古人的智慧》，就会发现其中存在着一个明显的矛盾。在《论古人的智慧》里，培根对古人的智慧是赞赏有加的，认为古人已经有杰出的智能了，只是基于当时人理解力的低下，所以不得不以寓言的形式来论述深刻的道理，尤其是哲学的道理。而现在他又说古人包括古人中最伟大者如柏拉图和亚里士多德都是不行的。还有，培根认为只有自己的归纳法才是求得真理的最佳方法，除此无他。简言之就是今胜于古、培根胜于一切的古人，这其中是有矛盾的，所以《弗兰西斯·培根》一书中指明了培根的三个矛盾，其中第三个矛盾就是：

> （第三个矛盾）就在他对科学的历史的看法。他一方面提出这种看法，认为在某一远古时代有较高级的人类智慧存在，这种智慧是反映在古代的寓言里的。另一方面，他又有一个自己很喜爱的学说，即今胜于古，因为古代仅仅是世界的幼稚时期。[24]

乍看上去这的确是个矛盾，不过，这矛盾其实也不难解决，所谓长江后浪推前浪、一代新人胜旧人，就这么简单。

还有，培根所批判的可不只有古人，更有今人，即他所处的时代。他认为，在他的时代里，那些现有的逻辑也是行不通，对于我们探索科学的新知识是没有什么帮助的。他说："正如现有的科学不能帮助我们找出新事功，现有的逻辑亦不能帮助我们找出新科学。"[25]

他甚至说：

> 现在所使用的逻辑，与其说是帮助追求真理，毋宁说是帮助着把建筑在流行概念上面的许多错误固定下来并巩固起来。所以它害多于益。[26]

这样的抨击不用说是很严厉的，但若是放到培根所处的具体时代，就会理解培根为什么这么说了。我们知道，培根所处的时代，研究哲学之时，大家所采用的逻辑学主要就是亚里士多德的三段论，至于亚里士多德同样重视的归纳法却基本无人理睬，经院哲学家们——培根对他们也是非常反感的——总是以亚里士多德或者奥古斯丁等大哲的著作中找到的句子为基本原理即大前提，然后进行三段论式的分析。不用说，在科学研究上采用这样的逻辑，那对科学真理的发现的确是有害无益的。

当然，培根对于这样的逻辑也不是一棍子打死，认为它全无用处，而是指出它对一些与人有关的学问，例如在辩论中驳倒对方，是有用的，而对科学研究则全无用处。原因我们前面也提过了，就是因为自然万物是很精微奥妙的，三段论这种粗枝大叶似的逻辑是不可能存在于自然之中的，对此他说：

因为大家公认的那种逻辑只适用于人事，即涉及言谈和意见那些学艺，用于自然就嫌不够精细；把它用在它所不能驾驭的对象上，就只能使错误巩固、谬种流传，而非为真理开辟道路。[27]

而在《新工具》里，培根还对当时人们追求知识的整个过程作了完整的批判，他说：

现在，在从感官和对象到原理和结论的整个过程中，我们所使用的论证都是欺骗性的和不称职的。这个过程包含着四个部分，也就有着同数的错误。第一点，感官的印象本身就是错误的，这是因为感官既不得用，又欺骗我们。不过，感官的缺陷是要予以弥补的，它的欺骗是要加以纠正的。第二点，从感官的印象中来抽取概念，这很恶劣，以致概念都是不明确的，都是混乱的，而实则它们应当是明确而有清楚界限的。第三点，现在的归纳法是无当的，它是以简单的枚举来推断科学的原则，而不是照它所当做的那样使用排除法和性质分解法（或分离法）。最后，第四点，那种用以发现和证明的方法，即首先树起最普遍的原则而后据以考校和证明中间原理的那种方法，实乃一切错误之母，全部科学之祟。[28]

这一段话可以看作是我们前面所说过培根对科学知识之产生过程及其批判的一个总结性的表达。例如我们说过，培根认为知识是从感觉开始的，但感觉本身却是不可靠的，因此需要用实验加以弥补与纠正。还有我们上面刚说过的对过去逻辑的第一个批判就是概念的混乱。第三点他批判了现有归纳法，指出那乃是一种简单枚举法，这前面我们也提过，后面会更详细地说到。

最后一点就是对三段论的批判了，显然，在四点批判之中培根的这个批判是最为严厉的，认为一切错误就根子上而言都是从这里来的，若不改变之，对整个科学研究事业会产生巨大的危害。

而要怎样改变呢？就是我们后面要讲的培根的新逻辑了。

这个新逻辑也就是培根的归纳法，是培根的重要逻辑学思想，我们将在下一讲，与他另一个著名的新思想即三表法一起介绍。

注　释

1　《不列颠百科全书》（第一卷），中国大百科全书出版社，1999 年第 1 版，第 463 页。

2　《新工具》，（英）培根著，许宝骙译，商务印书馆，1984 年 10 月第 1 版，第 50 页。

3　《西方哲学原著选读》（上卷），北京大学哲学系外国哲学史教研室编，商务印书馆，1981 年 6 月第 1 版，第 340 页。

4　《列子·汤问》。

5　《新工具》，第 50—51 页。

6　《新工具》，第 58 页。

7　《新工具》，第 37 页。

8　《哲学史讲演录》（第二卷），（德）黑格尔著，贺麟、王太庆译，商务印书馆，1960 年 6 月第 1 版，第 366 页。

9　《新工具》，第 40—41 页。

10　《新工具》，第 40 页。

11　《新工具》，第 58 页。

12　《新工具》，第 58—59 页。

13　《希腊罗马英豪列传》（第七卷），（古希腊）普卢塔克著，席代岳译，安徽人民出版社，2012 年 8 月第 1 版，第 12 页。

14　《新工具》，第 82 页。

15　《新工具》，第 11 页。

16　《新工具》，第 11 页。

17　《崇学论》，第 162 页。

18　《伟大的复兴·序言》，转引自《培根及其哲学》，余丽嫦著，人民出版社，1987 年 12 月第 1 版，第 253 页。

19　《新工具》，第 10—11 页。

20　《亚里士多德全集》（第一卷），（古希腊）亚里士多德著，苗力田主编，中国人民大学出版社，1990 年 9 月第 1 版，第 283 页。

21　《亚里士多德全集》（第一卷），第 245 页。

22　《哲学史讲演录》（第四卷），（德）黑格尔著，贺麟、王太庆译，商务印书馆，1978 年 12 月第 1 版，第 24 页。

23　《哲学史讲演录》（第二卷），第 379 页。

24　《弗兰西斯·培根》，（美）约翰·拉塞尔著，吕澎等译，河南大学出版社，2018 年 3 月第 1 版，第 140 页。

25　《新工具》，第 10 页。

26　《新工具》，第 10 页。

27　《西方哲学原著选读》（上卷），北京大学哲学系外国哲学史教研室编，第 344 页。

28　《新工具》，第 47—48 页。

第八讲　太阳与破布

所谓不破不立，前面我们讲了培根的"破"——对古希腊哲学尤其是亚里士多德的逻辑学大加批判，现在讲到立了，看培根在批判亚里士多德的旧逻辑之后，为自己建"立"了什么样的新逻辑。

培根建立的这个新逻辑主要就是两种逻辑方法：归纳法和三表法。

明天太阳是否会升起？

归纳法的大意我们都了解。与从一般到特殊的演绎法相对，归纳法乃是由个别推导出一般。归纳法有多种，首先是完全归纳法。所谓完全归纳法就是无一遗漏地考察一类事物中的全部对象，从而断定该类中每一对象都具有（或不具有）某种属性，其结论就是断定的内容。例如我说：

太平洋里有鱼、大西洋里有鱼、印度洋里有鱼、北冰洋里有鱼。由于地球上只有太平洋、大西洋、印度洋、北冰洋这四大洋，所以可就此得出结论：地球上的各大洋里都有鱼。

但实际生活中的归纳法一般都不能这么做，因为要归纳的对象通常都是很多的，难以数计，不可能一一列举。例如倘若我上面说的不是大洋而是湖的话，我可能去推断全世界所有的湖里都有鱼吗？诚然不能，因为全世界的湖太多太多了，没法儿一一列举。所以，实际上我们使用的归纳法乃是一种不完全归纳法。还是举个例子吧，现在我想知道明天太阳是否会升起。我猜会的，因为有下面的三段论：

太阳昨天升起了，

太阳今天也升起了，

所以，太阳明天照样会升起。

这就是一个不完全归纳法，它就叫作简单归纳法或者简单枚举法。

显然，这种方法虽然也有归纳二字，然而并不可靠，只是一种简单的列举。培根当然也知道这点，因此它不是培根的归纳法，正如培根自己所言："在建立公理当中，我们必须规划一个有异于迄今所用的、另一形式的归纳法。"[1]

那什么是培根的"另一形式的归纳法"呢，并且他是怎样得到这个独特的归纳法的呢？

我们下面就来一步步地得出这个归纳法。

我们知道，归纳法的目的就在于从自然万物中进行归纳，以得出所需要的原理，这乃是归纳法的基本目的与特征。因此，对于这个新归纳法，培根认为它首先必须是从自然之中来，即必须是基于具体的自然之物的，而不能像中世纪哲学一样基于过去的先哲之言，如我们前面说过的，在培根看来，那些过去的东西对于新知识是有害无益的，他称之为"古代之黑暗"："新的发现必须求之于自然之光亮，而不能溯求于古代之黑暗。"[2]

在理解了新的方法必须基于自然万物这个基础之后，就是归纳法本身的第一步了，这个第一步就是要从具体的自然之物入手。

这个道理是很清楚的，也是归纳法最明显的特征。例如我们要用归纳法来知道四大洋中是否都有鱼，一个一个地去看这四大洋就是了，在此基础上可以得到一个普遍的结论，即四大洋中都有鱼，以黑格尔的说法就是，归纳法的意义就在于"从个别的东西引导出普遍的规定"[3]。

黑格尔还指出，这样积极地认识特殊事物是必要的，因为这样才能走到普遍，普遍就是有关宇宙与自然的科学知识：

为了使关于宇宙、关于自然的知识得到发展，是有必要认识特殊事物的。这种特殊性一定要自觉地加以发展。[4]

培根在谈到自己的新科学方法时也用简单明了的话语说明，要先将我们的视线引到这些具体的自然之物身上后，再去达于其他：

我们的传授方法只有一条，简单明了地说来就是：我们必须把人们引导到特殊的东西本身。[5]

我们将目光和思想引到具体自然之物上面后，就可以进入下一步了，即一些简单的原理。在得到了这些简单的原理之后，就可以以之为基础，再进一步得到"中级原理"。在此基础上通过进一步的归纳与分析就可以得到比较高级的原理，还可以再往上，得到更高级的原理。最后就可以达到某个最高级或者说"最普遍"的原理了。培根认为，只有这样我们才可以得到可靠的科学之原理，科学才有希望：

我们实应遵循一个正当的上升阶梯，不打岔、不躐等，一步一步，由特殊的东西进

至较低的原理，然后再进至中级原理，一个
　　比一个高，最后上升到最普遍的原理；这样，
　　亦只有这样，科学才能有希望。[6]

这段话可以看作培根对归纳法的一个简单而相对完整的表述。为了理解之，我们不妨用一个科学中的例子来说明，就是万有引力。

　　我们知道，牛顿最初是从苹果落下来砸到头上开始想到万有引力的。这时候我们不妨设想一个这样的归纳过程：当苹果砸到牛顿的头后，他想到可能宇宙万物之中存在着某种力，苹果正是因为有了这种力才会从树上落下来，从而砸到他的头。他接着想，是不是所有物体都有这样的力呢？于是他就开始观察了。他看到了果园中其他各种东西，不但有苹果，还有梨子、土块、石头、树枝，等等，这些东西都会往下落，说明它们之中也可能存在着这种力。于是他就得出一个中级原理了：各种比较重的物体之中都存在着某种力，使它们往下掉落。但是不是所有物体都这样呢？似乎不是，因为还有物体并不往下落啊，例如鸟儿可以往天上飞，风中的树叶也一样。它们是不是也有这种力呢？为了证明这一点，牛顿就找了几只鸟儿来，把它们的翅膀捆上，然后往天上一抛，发现它们不能飞了，而是像石头一样往地上落，这就说明鸟儿身上也有这种力。至于树叶，他就将它拿到无风的屋子里，然后往天上一抛，发

现它就不能飞了，而是落到地面。这就说明树叶也有这种力。这样一来，他就可以得到一个更高级的原理了：所有物体，无论轻重，都有一种力使它们往下落而不是往上飞。他就将这种力命名为万有引力。这样就得到一个比较普遍的原理。

但这还不够，因为还有许多更大或者更小的物体，例如一粒灰尘或者一颗星球，对于这些物体，牛顿没办法直接实验，但他可以在想象之中进行实验，例如他想着：为什么一粒灰尘即使在无风时也会飘在空中呢？那是因为空气本身就有一种托力，将这些灰尘托了起来，悬在空中，而倘若没有空气的托力，这些灰尘也会落地的。还有，地球为什么会绕着太阳转动呢？那是因为太阳和地球也有巨大的引力，它们相互吸引，但由于转动的同时又产生了巨大的离心力，这两种力达到平衡，于是地球就绕着太阳转了，如此等等。结果他得出一个最普遍的原理，即宇宙之中任何物体都有一种力，他称之为万有引力——这也是"万有"这个词的来源。

在此基础上，牛顿进一步观察与实验，从而将具体的力之大小的计算方法都找到了。这样牛顿就最终得到了"万有引力定律"：

自然界中任何两个物体都是相互吸引的，并且引力的大小跟这两个物体的质量的乘积成正比，跟它们的距离的平方成反比。用公式表示就是：$F=G\dfrac{Mm}{r^2}$，这里 F 代表万有引力，M 与 m 分别代表两个物体的质量，r 代表它们之间的距离，而 G 则是一个常量，叫引力常量，它适用于任何两个物体，在数值上等于两个质量都是 1 千克的物体相距 1 米时的相互作用力，大约等于 $6.67 \times 10^{-11} \mathrm{N} \cdot \mathrm{m^2/kg^2}$。这里 N 是力的基本单位，即"牛顿"。

万有引力定律的发现对天文学的发展起了极大的推动作用，它对我们计算天体的质量、制造人造地球卫星乃至发现未知天体等都是至关重要的，是天体力学中最基本的定律。

通过以上的举例，我们就可以知道培根的归纳法是怎么回事了。

在另一段文字里，培根对归纳法也作了清楚的说明，将之与上面牛顿的万有引力之发现相比较，我们就会更加明白了：

钻求和发现真理，只有也只能有两条道路。一条道路是从感官和特殊的东西飞越到最普遍的原理，其真理性既被视为已定而不可动摇，进而由这些原则去判断，进而去发现一些中级的公理。这是现在流行的方法。另一条道路是从感官和特殊的东西引出一些原理，经由逐步而无间断的上升，直至最后

才达到最普遍的原理。这是正确的方法，但
迄今还未试行过。[7]

这里的"感官和特殊的东西"就是牛顿例子中的苹果、地球等，"最普遍的原理"就是他的万有引力原理了。这也说明了培根的方法诚然是"正确的"，在他的时代也的确没有试行，就是培根自己也并没有因此而发现什么了不起的科学原理。但他去世之后不过十七年，牛顿就诞生了，他试行了培根的这个方法并且取得伟大的成就，发现伟大的原理。

以上就是培根归纳法的大致过程。下面我们还要说明，在这个归纳与探索的过程之中有两点是特别需要注意的。

一、要注意相反的例证。

这是特别重要的，因为只要有一个相反的例证，整个的原理就不能成立了。例如在万有引力的例子里，试问：倘若发现有某个物体，哪怕只有一个，它不存在这种引力，那么还能够说存在什么万有引力定律吗？当然就不能说了。由此可见这个反例对归纳法的重要性，它实际上超过正例。这就要求我们在通过归纳法以得到普遍原理的过程之中，一定要努力寻找反例，否则的话，只有一些正面的例子而不去寻找反例，所得到的普遍原理就不是正确的理论了，以培根的说法就是"一种猜想罢了"：

只根据特殊事物的列数，而没有相反的例证以资反证，则所有推论，将不成其为推论，只是一种猜想罢了。[8]

所以，在《新工具》里，培根进一步说：

对于发现和论证科学方术真能得用的归纳法，必须以正当的排拒法和排除法来分析自然，有了足够数量的反面事例，然后再得出根据正面事例的结论。[9]

将这个说法用之于万有引力中，就是倘若牛顿只看见苹果和石头往下落，而不考虑风中的树叶与鸟儿往上飞，就直接得出万有引力的存在，这行吗？当然是不行的。别人只要指出这样的反例，他的定律就完了。

所以，在归纳法之中发现反例是极为重要的，培根称之为"真正归纳法的第一步"：

真正归纳法的第一步工作（就着发现法式来说）乃是要把那在某个事例中所与性质出现而它不出现的性质，或者那在某个事例中所与性质不出现而它出现的性质，或者那在某个事例中所与性质减少而它增加的性质，或者那在某个事例中所与性质增加而它减少的性质，一概加以排拒或排除。真的，当这项排拒或排除工作恰当地教过之后，在一切轻浮意见都化烟散净之余，到底就将剩下一个坚实的、真确的、界定得当的正面法式。[10]

在此培根更为具体地指出来了应该排除什么样的反例，共有四种，不难理解，我们就不一一分析了，下面来看第二点要注意的。

二、要注意研究一切事物。

这也同样重要，并且是培根一个相当重要的思想，他认为在运用归纳法之时，乃至在进行整个的哲学研究之时，应当关注一切的事物，而不只是某一部分事物，尤其是对那些为一般人所忽略的甚至讨厌的事物，也同样要予以关注，对此他在《新工具》中有这样一段话：

再说那些所谓卑贱的或甚至污秽的事物，即那些如朴林尼（Pliny）所说须先道歉然后才好出口的事物。这也必须容纳在自然史当中，正不亚于那最华美最贵重的事物。而自然史也并不因此而蒙玷污，犹如太阳既照宫殿也照阴沟，而并未染到污垢。

凡值得存在的东西就值得知道，因为知识乃是存在的表象；而卑贱事物和华贵事物则同样存在。并且，正如某些腐烂的质体——例如麝鹿和香猫——有时会产生最甜的香味，同样，从卑贱可鄙的事例中有时也会发出最好的光亮和消息。[11]

　　这个道理是很好懂的，理由也很清楚：对于科学研究而言，所有自然之物都是平等的，都是自然之物，在自然面前它们都是平等的，犹如我们人在法律面前人人——从总统到乞丐——都是平等的一样。

　　以上就是在归纳法之中要注意的两点了，这也是具体而重要的两点，是我们理解归纳法之时一定要注意的。

　　其实还有另外不那么具体的一点，就是培根在此还提出了一种"中庸之道"。这是他在《论古人的智慧》的二十七条即"伊卡罗斯的飞行；斯库拉和卡律布狄斯；或中间道路"中所说的。

　　培根在这里说，古人用伊卡罗斯飞行的神话故事表示一种道德上的中庸之道，而用巨石斯库拉和大漩涡卡律布狄斯的海峡表示学术上也要走中庸之道。

　　伊卡罗斯的父亲代达罗斯提醒他在海上飞行时不能飞得过高或者过低，因为他的翅膀是由蜡黏合而成的，飞得过高太阳的热量就会把蜡融化掉，而飞得过低海上的水汽就会让蜡失去黏合力。但伊卡罗斯有着年轻人的冒险精神，一个劲儿往高处飞，结果一头栽了下来。培根说："这篇通俗易懂的寓言表明，美德之路不偏不倚落在过分与不及之间。"[12]

培根还将之用于他的科学研究与归纳法之中，他说：

> 它让我们明白，要获取每一门知识科学的规则与公理，必须在繁多的细节和过度的归纳之间注意保持中庸之道，也即在岩石和漩涡之间保持中庸之道。[13]

最后，当使用归纳法并且避免了后面的三种错误之后，就可以说是一个好的科学的归纳法了，由之可以得到普遍的原理或者说"公理"。培根指出：倘若通过科学的归纳法找到了这样的正确的公理，那对于科学真理的发现是大有帮助的，因为它将会导致许多知识与真理的产生，以他的说法就是：

> 公理一旦发明以后，就可以带着大队工作来，而且它产生工作时，不是东一件，西一件，而是一堆一簇的。[14]

这里的工作当理解为有益的结果。这也诚然是对的。仍以万有引力定律的发现为例，当得到了这个科学原理之后，产生了许多成果，如不但可以理解苹果为什么会砸着牛顿的头，还可以理解为什么地球围绕着太阳转，后来的人造地球卫星也是基于这个原理。更进一步地，就是爱因斯坦的相对论，其实也是以之为基础的。

至此我们就讲完了培根的归纳法的主要内容，但还没有完，因为关于归纳法培根还提出来一个更为具体的方法，这个方法可以说是他的归纳法中最有名的具体成就，那就是三表法。要讲培根的归纳法，不讲这个三表法是不行的。

让我们摩擦一块破布

何谓三表法？简言之就是用"三表"来整理材料的方法，我们将用摩擦一块破布为例来说明。

什么是"三表"？就是三个表格——其实就是三种法子，应该叫作"三法"才对。也许因为培根在用这三个法子分析整理材料时，喜欢把有关材料列成一个个表格，所以称这种方法为"三表法"。

第一个表叫"本质和具有表"。

本质和具有表就是说我们在研究某一现象时首先要搜集有关研究对象的正面例证。所谓正面例证，就是有这些性质的现象。以培根的话来说是：

对于法式的查究是这样来进行的：有了
一个所与性质，第一点，要把所有已知的在
一些极不相像的质体中而一致具有这同一性
质的各种事例聚集并列示在理解力之前。[15]

他在后面称这个为"要质临现表"[16]。"要质临现表"是
老翻译，不大符合现在的语言习惯，所以我们还是称为"本
质和具有表"。

　　　一个最好的例子就是摩擦生热。大家都知道，如果我
们摩擦一个东西，例如把一块破布放在手上摩擦，一会儿
布和手就会发热。然而这摩擦是不是热产生的原因呢？或
者说我们可不可以因此就得出这样的一个"摩擦可以生热"
的基本原理呢？我们下面主要就以之为例来说明培根的三
表法。

　　　要分析本质和具有表，我们就先要找到一些摩擦后发
热的现象，最简单的法子就是用一块布摩擦手，当然也可
以用铁丝摩擦石头，或者用纸摩擦木板，等等，我们将发
现这些都会生热。

　　　把以上现象——列举出来，就构成了本质和具有表。

　　　造好这个表后，就轮到第二个表了。培根这样说：

　　　第二点，我们还必须把缺乏所与性质的

事例也列示在理解力之前。[17]

这第二个表称为差异表，或者叫"接近中的缺乏表"。它是同本质和具有表相对的。前者是找出拥有所要研究现象的例证，而它是找出没有要研究现象的例证。例如要研究摩擦生热，在找出摩擦生热的现象后，还要再找一些没有生热的现象。例如一块静立在南极的冰，或者一片随秋风飘零的黄叶，不过最好还是铁丝、木板、石头之类，因为我们想知道的是摩擦是否能产生热的原因，所以得找些方便摩擦——同时可以方便不摩擦——的东西，好作比较。

这样的反面例证是必需的，因为如果这些木片、石块不摩擦，或者说停止摩擦，它们也照样发热，就说明刚才的摩擦根本不是发热的原因。

显然，这差异表就是寻找反例。我们前面说过，在归纳法中这是非常重要的。实际上，倘若我们要寻找到普遍有效的原理，那么就必须排除所有相反的例子，这样才能最终得到那普遍有效之原理，所以培根说：

> 上帝这位法式的设计者和赋予者当然是从一开头的思辨就直接具有对于法式的正面认识的；天使们和其他智慧者或许也是这样。但这无疑是人所不能办到的；对于人，只能认可他开头从反面的东西出发，在排除工作

做尽以后，最终才达到正面的东西。[18]

这里培根是说，上帝与天使们可以越过反例而一举达到那最终的原理，因为他们拥有超卓的智慧；但人是没有这样的本领的，我们还是老老实实地先排除那些反例吧，这样才能达到正面的结论。例如先要排除那些摩擦后不发热的反例，才能明白是否摩擦生热。

第三个表叫作"程度表"，或者也叫比较表。对于这个表培根如此说：

> 第三点，我们还必须把探究中的性质所表现为或多或少程度不同的一些事例列示在理解力之前；这就必须把这个性质在同一东西中的增减或在不同东西中的多少加以一番比较。……一个性质若非永远随着讨论中的性质之增减而增减，就不能把它当作一个真正的法式。因此我把这个表叫作各种程度表，或叫作比较表。[19]

培根的话也好懂，不过我们还是用更通俗些的话语来解释吧。在制作好前面两个表之后，是否万事大吉了呢？是否说明摩擦就是热的原因了呢？大致是可以这么说的。但培根认为这还不够，还要更有力的证实。这个更有力的证实就是程度表。

怎么制作这个摩擦生热的程度表呢？很容易。例如我们可以找一块布、一块木片，再加一个温度计。先量一下布和木片的温度，例如是 20℃。然后将布在木片上摩擦 30 秒钟，量一下温度，记下来，再摩擦 30 秒，再量一下温度，以此类推。如果三次分别量得的温度是逐渐升高的，例如分别是 30℃、40℃、50℃，那就说明摩擦的的确确是生热的原因。但如果三次量得的温度都是 20℃，那么虽然有许多现象表明摩擦就生热、不摩擦就不生热，也难说摩擦便是生热的原因了，也许是别的什么神秘原因哩！

倘若这个表也制作成了，那么三表法就完成了。有了这三步后，就可以得出一个比较可信的结论了，以培根的话来说就是：

> 上面那三个表的工作和任务，我说是对理解力列示事例。这项列示事例的工作一经做过，就必须使归纳法自身动作起来了。[20]

"使归纳法自身动作起来"就是说我们可以进行最后的归纳并且得出相应的结论了。在这个摩擦生热的例子中，最后归纳出的结论就是：

摩擦是生热的原因。

这个结论就是具体的知识。

当然，这并不是说可以一劳永逸地得出结论，培根说，在三表完成之后，我们实际上只是得出来了一个初步的结论或者说真理，他称之为一种"理解力的放纵"：

在三个初步列示表（像我所展示的那样）业经做出并经考量以后，就宜允许理解力凭着各表所列事例以及他处所遇事例的力量来作一回正面地解释自然的尝试。这种尝试我称之为理解力的放纵，或解释的开端，或初步的收获。[21]

也就是说，由三表法得到的还只是初步的结论，我们要得到更为普遍的结论，还要有一个更加深入的探索过程。例如摩擦生热，我们初步得到"摩擦生热"之后，还要有进一步的研究，看这是否可以成为一条真正普遍的原理，还可以在此基础上有进一步的探索，例如探索热产生的原因。

显然，这个探索的过程是无穷的，因为宇宙无限。

以上就是培根的三表法，说完这个，我们也就讲完培根的新逻辑学——归纳法了。

这里另外要说明的一点就是培根在阐述归纳法与三表法时的态度是相当严谨的，分析也是细致入微的。例如他在讨论归纳法中需要分析的具体事例时，讨论了所谓"享有优先权的事例"，而这也只是他计划要讨论的归纳法的九个部分之一而已，其他还有归纳法的一些支柱、精订、实践上的应用、原理的升降等级，如此等等。[22]

而单单这个"享有优先权的事例"就包括二十七种，例如独出的事例、移徙的事例、触目的事例、隐微的事例、能资组成的事例、相契的事例、独特的事例、出轨的事例、跨界的事例、斗争的事例、暗示的事例、多方有用的事例、幻术的事例，等等，足足有二十七种，我们这里就不一一列举了。事实上，在《新工具》中，从第174页几乎直到全书的最后，讨论的都是这二十七种事例，占了全书的近半篇幅。[23]

正因为如此，培根就没法讨论其他九部分的内容了。不过我们知道，《新工具》本来就只是培根关于归纳法的庞大研究计划的一部分而已，倘若他再活几十年，也许可以再多完成些呢！

至此我们就讲完培根的归纳法了，我们最后要提一下的是培根对理性的观点，它既是和归纳法相关的，也是与认识自然、获得知识相关的。

反观中国古人的智慧

首先，培根当然认为理性是具有重要作用的，因为即使在归纳法之中，我们所依赖的实际上也并不是感觉而是理性。感觉只是收集材料，对这些材料进行整理，最后归纳为基本原理都是理性的事，这不言而喻。

此外，培根还认为，理性对于防止经院哲学对科学与获得知识的破坏作用是很重要的。

我们知道，培根所处的时代，经院哲学还有着巨大的影响，近代西方哲学仍处于萌芽阶段。培根对经院哲学是很反感的，认为它抑制了科学，他这样说："就现在情况而论，由于有了经院学者们的总结和体系，关于自然的谈论变得更为困难和更多危险。"[24]

之所以如此，是因为经院哲学家们把神学和迷信弄到了一起，还把培根认为是"好争而多刺的"亚里士多德哲学也很不相称地糅合在一起了。这样一来，就使得经院哲学变成了一个既迷信又爱争辩的怪胎，这样的东西统治着人们的思想，自然对科学的发展是极为不利的。所以就如黑格尔所言："培根完全抛弃了、拒绝了经院哲学的方法。"[25]

那么要怎样才能摆脱经院哲学的危害呢？培根说得依靠理性，因为理性有一种"巨大而神圣的功效"，可以弥补经院哲学的危害，他如此说：

　　　　因为理性的限制具有巨大而神圣的功效，因此，我认为应对它进行深入的研究。这一部分学问如果仔细加以研究和说明，照我看来，可以起到镇静剂的作用。而不仅可以延缓和抑制经院中盛行的虚妄古怪的推测，还可以约束和限制教会中流行的争辩狂潮。[26]

不过，我们也知道，培根总的来说是经验主义者，也是经验主义的大师，这就决定了他虽然重视理性，但又提防理性。因为在他看来："心灵总是渴欲跳到具有较高普遍性的地位，以便在那里停歇下来。"[27]

这里的心灵也可以看成是人的理性。培根认为人的理性总是喜欢更快地跳到对事物本质性的认识，也就是急于得到原理，为此不惜跳跃向前。这显然是不行的，这和他的按部就班、循序渐进的归纳法是不相容的。

培根还将人类理性这种过于跳跃地认识自然的方式称为"对自然的冒测"，相应地，他将那种在归纳法中表达出来的按部就班的认识方式称为"对自然的解释"。[28]

培根当然反对这种冒测的办法，认为这样"纵使尽聚古往今来的一切智者，集合并传递其劳动，在科学方面也永远不会做出什么大的进步"[29]。

这种说法是很有道理的，只要看看我们中国古代的情形就知道了。中国人讲智慧殊不亚于任何西方人，但我们缺乏深入细致地了解具体事物的习惯，总是大而化之地、想当然地凭自己的主观臆测，用古人尤其是老子与庄子的一些说法去谈论这些问题，依靠自己那聪明的脑袋天马行空般地想象。在此我不妨和西方人的学术作一下比较。

古希腊的阿那克西曼德曾分析过关于人的产生，他说：
"人是从另一种动物产生的，实际上就是从鱼产生的，人
在最初的时候很像鱼。"[30]

阿那克西曼德这样的观念是非常非常厉害的。为什么
呢？因为他不是瞎扯胡掰的，而是经过了深刻的思索。也
因此，它们和现代的进化论有许多相似之处，例如他说过
动物是从水里爬到岸上来的，这已经是一种生物学界的定
论了，即最初的生物是存在于原始的水里的，而后才到岸
上来。他还认为人起源于普通的动物，这也是进化论的常
识了。至于人最初是一种鱼，当然也可以这么说，因为不
但人，所有陆上动物最初都是从水里来的，某种意义上说，
都是由鱼而来的呢。

我们再联想到阿那克西曼德的这些观念产生于两
千六百多年前，他本人比老子还要年长数十岁，比庄子更
要年长两百余岁，竟然能够提出相当系统、复杂而先进的
进化论思想，是何等之了不起啊！

在他之后的至少两百多年，《庄子》的《至乐》篇中
有这样一段很有意思的话：

种有几，得水则为继，得水土之际则为
蛙蟆之衣，生于陵屯则为陵舄，陵舄得郁栖

则为乌足，乌足之根为蛴螬，其叶为胡蝶。
胡蝶胥也化而为虫，生于灶下，其状若脱，
其名为鸲掇。鸲掇千日为鸟，其名为干余骨。
干余骨之沫为斯弥，斯弥为食醯。颐辂生乎
食醯，黄軦生乎九猷，瞀芮生乎腐蠸，羊奚
比乎不箰，久竹生青宁，青宁生程，程生马，
马生人，人又反入于机。万物皆出于机，皆
入于机。

这段话译成现代汉语就是：

生物中有一种极小的种类叫作"几"，得水滋养便成
为"继"。它在水土的交际处便长成青苔，生长在高地就
变成"车前草"。车前草得到粪土滋养就长成"乌足草"，
乌足草的根可以变成蝎子，它的叶可以变成蝴蝶。蝴蝶不
久就化为虫，生在火灶底下，形状就像蜕下来的皮，它的
名字叫鸲掇。鸲掇虫过了一千日以后又化为鸟，名叫"干
余骨"。干余骨的唾沫又变成一种斯弥虫，斯弥虫又变成
酒缸里的蠛蠓虫。颐辂虫又生于蠛蠓虫，黄軦虫又生于九
猷虫。瞀芮虫又生于萤火虫。羊奚草和久不长笋的竹子结
合就生出青宁虫，青宁虫生出赤虫，赤虫生出马，马生出
人，人又复归于自然。万物都生于自然，又复归于自然。

不用说，这种说法也是很深刻的，但倘若从科学的角
度言，庄子所言纯粹是一种主观性的猜想，或者说是一种

哲学性的比喻，基本上和科学无关。

　　由此也可以看出我们中国的哲学精神与西方哲学精神一个根本的差别。我们的哲学更多地是一种主观性的沉思，而西方哲学从泰勒斯、阿那克西曼德起，就总是试图去客观地理解世界、分析世界，并最终导向了各门具体的自然科学的诞生。

　　继续说培根对理性的理解。从培根的观点来看，仅仅靠理智或者说理性得来的只是冒测罢了，并不是严谨的观察、实验与归纳，怎么可能产生科学的理论呢？

　　所以培根说，对于理性我们诚然不能忽略之，但一定要提防之，他还有这样一句名言：

　　　　对于理解力切不可赋以翅膀，倒要系以
　　重物，以免它跳跃和飞翔。[32]

这句名言可以看作整个经验主义对理性的态度，对于我们整体理解经验主义是很重要的。

注　释

1　《新工具》，（英）培根著，许宝骙译，商务印书馆，1984 年 10 月第 1 版，第 88—89 页。

2　《新工具》，第 104 页。

3　参见《哲学史讲演录》（第四卷），（德）黑格尔著，贺麟、王太庆译，商务印书馆，1978 年 12 月第 1 版，第 25 页。

4　《哲学史讲演录》（第四卷），第 20 页。

5　《新工具》，第 18 页。

6　《新工具》，第 88 页。

7　《新工具》，第 12—13 页。

8　《崇学论》，（英）培根著，关琪桐译，商务印书馆，1938 年 6 月第 1 版，第 161 页。

9　《新工具》，第 89 页。

10　《新工具》，第 158 页。

11　《新工具》，第 101 页。

12　《论古人的智慧》，（英）培根著，李春长译，华夏出版社，2006 年 4 月第 1 版，第 71 页。

13　《论古人的智慧》，第 72 页。

14　《工作计划》，转引自《培根及其哲学》，余丽嫦著，人民出版社，1987 年 12 月第 1 版，第 232 页。

15　《新工具》，第 128 页。

16　《新工具》，第 131 页。

17　《新工具》，第 131 页。

18　《新工具》，第 157—158 页。

19　《新工具》，第 145 页。

20　《新工具》，第 157 页。

21　《新工具》，第 163 页。

22　参见《新工具》，第 173 页。

23　参见《新工具》，第 317 页。

24　《新工具》，第 75 页。

25　《哲学史讲演录》（第四卷），第 19 页。

26 《学术的进展》，（英）培根著，刘运同译，上海人民出版社，2007 年 8 月第 1 版，第 191 页。

27 《新工具》，第 13 页。

28 参见《新工具》，第 15 页。

29 《新工具》，第 16 页。

30 《古希腊罗马哲学》，北京大学外国哲学史教研室编，第 10 页。

31 《西方著名哲学家评传》（第五卷），王树人、李凤鸣编，山东人民出版社，1984 年 11 月第 1 版，第 606 页。

32 《新工具》，第 88 页。

第九讲　要上帝，不要迷信

前面我们讲了培根哲学的主要部分即他的新逻辑，下面将分两讲来讲他的另外两种思想，即神学思想与政治学思想。

先讲他的神学思想，具体而言就是他对上帝、神学与宗教的理解。

神学是培根思想中相当重要的一部分。原因有二：一是培根虽然是经验主义者，但并非无神论者，而是十分虔诚的基督徒。对基督教的方方面面，尤其是基督教神学，他有自己独特的理解。二是他所处的时代依然是基督教牢牢统治着人们思想的时代，作为一个思想家，他当然会对基督教及其上帝作出自己的沉思。正因为如此，倘若我们想比较全面地了解培根的思想，不了解他的神学思想是不行的，否则我们所了解的培根将是片面的、有缺憾的。

那么培根究竟有什么样的神学思想呢？

我们知道，神学的核心当然是上帝，所以培根的神学思想主要就是关于上帝的思想。

没有原因

在培根的眼中，上帝是怎样的呢？

首先上帝当然是万物的创造者，是一切的"原因"，就像他在《论本原与起源》中所说的："上帝是原因的原因，唯独他自己是没有原因的。"[1]

这种观点和中世纪神学是完全一样的，即上帝创造了一切，但他自己却不是被创造的，是从来就有的，因此上帝的存在不需要原因。

上帝作为世界的创造者，当然是至大至圣、全知全能的，与我们人有着本质的区分，因为"唯有一个宇宙之神，而不是一个人，才能够既是一位全知者同时又是一个不受限制者……这样一位神乃是运动的、不动的、理念的原因"[2]。

这些观点和传统的神学基本上是没有什么差异的，所以培根虽然批判了中世纪的经院哲学，但他在对神的认识之上和经院哲学是差不多的，并没有提出多么新鲜的理论。

不仅如此，培根也和中世纪哲学家们甚至和更早的斐洛等人一样，认为人是可以接受神的启示的。不过，人之接受神的启示不是通过耳朵——听神的话语，而要通过心灵或灵魂的感悟去理解神，以培根的话来说就是："人的灵却可以接受神启示的口谕，因为人的灵与神的口谕是性质相同的。"[3]

这就是培根对神以及神与人之关系的大致理解了。正由于神是这样伟大而崇高的，所以培根在著作中多次表达了对上帝的信仰与赞美。例如在《新工具》中，他称上帝为"善的元宰，光的父亲"：

事端出于上帝：我们手中的这个任务上面既这样强烈地印有善的特性，可见其分明是由上帝那里发出，因为上帝正是善的元宰，光的父亲。[4]

他在这段的后面还说，上帝的事物都是有始有终的，并且上帝是在不知不觉之中就行了一切的事，就像成语"举重若轻"所表达的那样，对于上帝而言，即使创造整个世界、决定万物也是轻而易举的。

此外，在《崇学论》中，他也说：

上帝至高无上的权力不仅涵盖人们的意志，还扩展到人们的理性。所以我们的意志虽然不情愿也必须服从他的法则，我们在理智上虽然有些勉强，也必须听从上帝的话语。如果我们只相信跟我们的理性一致的东西，那么我们只是对世界万物表示认同，而不是与世界万物的创造者表示认同。[5]

在这里培根表达了这样的思想：上帝不但统治着人的意志，还控制着人的理性。因此我们的理性必须服从上帝。这就要求当我们关注万物之时，不要只注意万物或是想着用理性去认识万物，而是要清楚，背后伟大的创造者——上帝，才是我们最应该认同的。我们又知道，人是通过理性理解万物的，而对上帝则主要是信仰。因此，培根在这里已经隐约地表达了这样的思想：我们不能依靠理性去理解上帝，而要信仰上帝。换言之就是说信仰高于理性。这也是那些对上帝有着深刻理解的哲人所共有的观念，从奥古斯丁到托马斯·阿奎那都是如此，培根也继承了这样的思想。

事实上，《崇学论》这本书虽然是培根献给国王的，但他首先是献给上帝的，这一点他在全书最后结尾处写得很明白：

本书如果还有什么好处的话，它应当如献祭的油脂一样，首先奉献给上帝，然后奉献于陛下——这世上给我恩宠最多的人。[6]

在这里，培根的主要目的虽然是要表达他对国王的感恩之心，但他也明白，无论如何，上帝是高于国王的，因此他的作品要首先献给上帝，其次才献给国王，哪怕是最恩宠他的人。

培根对上帝及神的赞美也许最集中地体现在《新大西岛》这本书里。

《新大西岛》是这样开始的：

> 我们从秘鲁（在那里我们逗留了一整年）
> 带上十二个月的粮食开航，经南海驶往中国
> 和日本。[7]

在途中，当他们的旅程遇到麻烦时，他们看到了一片神奇的陆地，并且与上面的人有了接触。从接触的一开始，这些人就表达他们乃是至为虔诚的基督徒，例如当那些人第一次驾着船驶向他们时，递上来的文书就是这样子的："这卷文书上盖着刻有小天使的图形的印记，小天使的翅膀并没张开，而是下垂的，在旁边还有个十字。"[8]

天使与十字都是基督教的象征，通过这种方式，新大西岛的人首先就向来客表达了他们基督徒的身份。

当他们到达岛上，接待他们的宾馆的馆长就表示他是个牧师，"希望得到一个牧师所应得的报酬，那就是我们

的友爱，我们肉体和灵魂的安宁"。他们当然表达了友好，因为新大西岛上的人实在情真意切，他们充满了感激之情，那位善良的牧师也大受感动，以至离开时眼中含着"慈爱的泪水"。[9]

后来他们知道，新大西岛的来历也与上帝和基督教有关，"在一个多云而寂静的夜晚，在看来像是几里以外的海上，看到了一个巨大的光柱，它并不尖峭，形状像柱子或者说像圆筒，由海中升起，矗立天际。它的上面浮现着一个巨大的光芒四射的十字"[10]。

在这个十字里，他们找到了一个约柜，里面有上帝给他们的约：

> 我，巴多罗买，至高上帝的仆人，耶稣基督的门徒，在那个光荣的幻象里，看到了一位天使，他让我把这约柜放在大海的水上。因此我向上帝命令放这个约柜的那块土地上的人民作证并宣布，在同一天他们将从圣父和我主耶稣那里得到拯救、和平和恩赐。[11]

这就是说，新大西岛乃是上帝赐给这里的人的，并且将赐福给这里的人。也许这就是为什么新大西岛上的人那么信仰上帝、是那么虔诚的基督徒的缘故了。

书中还说，新大西岛上虔诚的人们，几乎每时每刻都在赞美上帝，并且用了各种方式去赞美，例如有赞美诗和赞美的乐曲：

> 我们有赞美诗和乐曲，每天歌颂和感谢我主和上帝有奇妙的创造；我们还有各式主祷文，恳求主帮助我们，赐福给我们，使我们的劳动更为辉煌，成为神圣而有用的事业。[12]

如此等等，都表达着新大西岛上的人是何等虔诚的基督徒。我们又知道，这个新大西岛其实就是培根心中的理想之国，就如乌托邦之于托马斯·莫尔或者太阳城之于康帕内拉一样。由此可见，在培根的心目中，理想之国的人也应当是最虔诚的基督徒，同时这也清楚地表明了培根自己对基督教之神的信仰与崇拜。

不要迷信

在神之后，我们再来看培根对有关神的学问——神学——的理解。

首先，培根认为人的知识根据其来源应当分成两种，就是神学与哲学。

神学乃是从天上降下来的，即由高居于上天的上帝赐予人类的。哲学则是"从下边涌起的"，这里的下边即是大地上的自然万物。在培根看来，这一部分知识乃是"由自然的光亮所陈示的"，而神学则是"由神圣的启示所鼓舞的"。所谓自然的光亮乃是"由人心的观念同感官的报告而形成的"，说明白点就是感觉与理性相结合而形成的。神学则是由上帝直接启示给人类的，[13] 如此等等。从这些说法也可以看出来，在培根那里，神学知识是要高于哲学知识的。

培根还认为神学包括两大部分：

一是信仰和信念，二是侍奉和崇拜。前者是宗教的内在灵魂，后者是宗教的外在形体，后者受到前者的统治和指导。[14]

不难看出来，前者就是对上帝的信仰，这当然是神学的核心，是最基础之点，后者则实际上是表达了前者。例如我们如何说明信仰神呢？当然要用各种仪式表达出来，例如在教堂里唱赞美诗赞美神、给新生的孩子施行洗礼，这些仪式都是表示对神的侍奉与崇拜。在二者之中，后者当然要次于前者，要受着前者的支配，这是不言而喻的。

培根还将神学分出四个主要的分支，即宗教信仰、宗教礼仪、礼拜仪式、统治机构。在此基础上他又进行了更加具体的划分，例如宗教信仰包含了有关上帝本性、上帝的属性、上帝的工作方面的教义。上帝的本性指的是三位一体。上帝的属性又分为两类，"一类是三位所共有的，一类是各位所具有的"。他还将上帝的工作也分为两类，

"一为开天辟地，一为救赎"。如此等等，相当复杂，我们在这里且不多说。[15]

与神学有关的是宗教。

如同重视神学一样，培根也重视宗教。实际上，在培根那里，宗教与神学有时候是不好区分的，例如他将《论古人的智慧》献给了母校剑桥大学，上题"献给著名的剑桥大学"，其中有这样的话："在所有东西当中，哲学仅次于宗教，是最重要也最配得上人性的东西。"[16]

这句话包括了四重的含义：一是他重视哲学，二是他重视宗教，三是在二者之中，宗教是第一位的，而哲学也是重要的，因为它"仅次于宗教"。四是哲学是与人性有关的，也昭示了人性的伟大，这从"配得上"这三个字就可以看出来。

此外，在《新大西岛》中还有这样的话："一个人的自尊自重是克服万恶的首要条件，而且它的重要性仅次于宗教。"[17]

这里和上一句有点相似，既说明了自尊自重的重要性，因为它能克服万恶，但也说明它乃是第二重要的，那最重要的乃是宗教，即宗教是克服万恶最重要的条件，没有宗教，就不可能克服万恶。换言之就是，倘若没有宗教，人就难免堕落。这当然也彰显了宗教的伟大意义。

也许正是基于宗教尤其是基督教在培根思想中的重要性，魏因伯格认为："宗教与基督教的问题，包括罗马天主教的问题，在培根学说中居于核心地位。"[18]

这种看法初看是有问题的，因为培根的思想乃是以科学为中心，这在他的代表作《新工具》与《论说文集》中体现明确，他最伟大的贡献归纳法也是与科学有关的，是获得科学知识的方法，而非获得神学知识的方法。但倘若我们从另一个角度看，就会看到其中的道理了。那就是，虽然培根将他主要的著作都用来表达他对科学的重视，但倘若整体地讲他将何者置于其思想的核心，那当然就是宗教了，这是我们在前面讲他对上帝、神学与宗教的理解之中看得很清楚的。例如他在上面说得很清楚：哲学虽然重要，"仅次于"宗教，但毕竟是次于，所以宗教才是最重要的。而当人们要克服各种恶的时候，第一个所要依赖的也是宗教，如此等等，这都清楚地说明了宗教在培根思想中的核心地位。只是培根的身份毕竟不是神学家，而是具科学精神的哲学家，因此他才将著作的主体用以表达他对科学与哲学的认识。这和牛顿有些相似，牛顿固然是伟大的科学家，他对人类的贡献也是科学上的，但这并不妨碍他是极虔诚的基督徒，上帝始终在他的心中居于最核心与崇高的地位。

还有，我们当知道，在培根所处的时代，基督教是分裂的，主要分成了三大支，即基督教新教、天主教与东正教，此外三大部分中还有许多小教派。培根对基督教的这种分裂现象，尤其是东正教与基督教其他部分的分裂更是痛心疾首，因此他渴望有朝一日基督教能够统一起来，认为这将为人类带来和平，从而带来"无限的福祉"："至于宗教统一对教中人的结果，那就是和平，和平是有无限的福祉的。"[19]

这里的宗教指的就是基督教，培根还没有这样的想法，要将全世界所有的宗教都统一起来。

不过，虽然重视宗教，但培根也指出对宗教的热情不应过度，因为这将危害科学或者说自然哲学，对此他说：

　　自然哲学在各个时代中都曾有一个麻烦而难对付的敌人，现在来看，那就是迷信和对于宗教的盲目而过度的热情。[20]

在这里培根将对宗教的过度热情和迷信放在一起，认为它们都将危害科学。这是不难理解的。我们知道，宗教是讲信仰的，倘若对宗教的热情过度了，那就只要信仰就可以了，哪用得着去探讨什么自然的奥秘，只要将归于上帝的创造就是了！这显然与科学的探索精神是相悖的，不利于科学的发展。还有，人的热情毕竟是有限的，倘若将全部的热情都投向了宗教，还有多少热情去进行科学探索呢？所以，培根这样说诚然是有道理的，直到今天都是如此。

培根对迷信是十分反感的，因为他看到了，一直以来就有人，如古希腊的毕达哥拉斯，将迷信掺杂入神学与哲学，在他看来，这将产生"最大的危害"：

> 迷信以及神学之糅入哲学，这对哲学的败坏作用则远更广泛，而且有着最大的危害。[21]

简言之就是，要上帝，不要迷信。

培根还认为，自然哲学对宗教或者说基督教是很有用的，因为科学与迷信相对立，而迷信与真正的宗教信仰是不一样的，前者甚至会损害后者，科学却能够对付迷信，使人们摆脱迷信。既然如此，它当然对宗教是有用的，以培根的说法就是，自然哲学是宗教"最堪称许的养品"：

> 若把事情真的想一想，按照上帝的话来说，自然哲学实在既是医治迷信的最有把握的良药，同时又是对于信仰的最堪称许的养品，因而就正应当被拨给宗教充当其最忠诚的侍女，因为宗教是表现上帝的意志的，后者则是表现上帝的权力的。[22]

在这里培根还清楚地表明了科学与宗教之间的关系：科学虽然有益于宗教，但二者的关系并不是平等的，科学是要服从于宗教的，并且科学是宗教的"侍女"。

看到这个词，我们会自然而然地想起托马斯·阿奎那对哲学与神学之间关系的著名观点了，即"哲学乃神学之婢女"：

> 神圣理论之利用其他学问，不是把它们看作高级的，而是看作低级的，当作使女那样利用它们，好比建筑师利用工人，市民服兵役。[23]

显然，培根的态度与托马斯·阿奎那是一致的。

为什么这样呢？培根也有所说明，那就是哲学或者说科学与神学毕竟是不同的，神学是建立在"上帝的话语与神迹之上的"，而科学却是建立在自然之光的基础上的，两者是不同的，当然必须区分开来。还有，在二者之中，信仰要高于知识：

> 如果认真加以思考，我们就会知道，信仰比知识更加有价值。因为在知识方面我们的心理会受到感官的影响，但是在信仰方面我们的心理受精神支配，精神比起心理来拥有更多的权威，因此可以说，在信仰上我们的心理受到更有价值的力量的指引。[24]

这里的知识指的就是哲学的或科学的知识，在培根看来，信仰是更有价值的，原因就在于知识受到感官的影响，但信仰则不受感官而只受精神支配，因此精神是具有更高的权威的，而信仰当然也更有价值，也更为可靠。

正是在此基础上，培根主张必须将哲学真理与基督教的真理区分开来，即我们不能依赖哲学的真理去证明基督教的真理，这样不但无法证明基督教的真理，反而会因为将关于神的宗教与关于自然的科学混杂在一起而将宗教贬低了。[25]

这也与我们上面引用过的相呼应："迷信以及神学之糅入哲学，这对哲学的败坏作用则远更广泛，而且有着最大的危害。"而且培根在这里更说明了将宗教杂入哲学会产生"最大的危害"，也就是一定要将哲学与神学区分开来。

《弗兰西斯·培根》的作者认为这是培根思想中的一个矛盾：

> 培根的哲学其实是充满了矛盾的。……他在神的知识和自然的知识之间作了一个绝对的划分。他对于推进自然的知识作了令人赞美的鼓励和指示，但他却又教导我们说，关于神的真理应当不加批判地从《圣经》里接受过来。[26]

其实，倘若我们了解中世纪哲学、了解神学，就不难发现培根这样的思想是其来有自的，也是很好理解的。因为神学关于神，科学或者说哲学关于自然，在自然万物和神之间当然有着根本的区分，所以将两种知识区分开来是自然而然的。

这些话值得我们深思

上面我们分析了培根对神与神学以及神学与哲学或者说科学之间关系的理解，正是因为有了上述的思想，培根对无神论进行了相当尖锐的批判。

他首先说，神是一定存在的，他宁肯相信非耶和华的别的神之存在，也不愿意相信世上无神：

> 我宁愿相信《金传》、《塔尔木经》及《可兰经》中的一切寓言，而不愿相信这宇宙底体构是没有一个主宰的精神的。[27]

这里的《金传》是中世纪流传的一本书，记载了基督教圣人们的各种奇迹。《塔尔木经》就是犹太人的经典《塔木德》，是犹太人仅次于《圣经》的宗教经典。《可兰经》就是伊斯兰教的《古兰经》。培根表示宁肯相信其他神的存在也不肯相信无神，足见其对无神论的态度。

不过，培根并不相信那些所谓的奇迹，他认为上帝根本不必创造这样的奇迹，因为世界上的一切已经证明都是神创造的："上帝从没有创造奇迹以征服无神论，因为神所造的日常的一切就足以驳倒无神论了。"[28]

这句话听上去有些不好理解，但实际上很好理解，它所表达的意思就是奥古斯丁的那段言语：

> 在一切可见事物中，这个世界是最伟大的；在一切不可见事物中，上帝是最伟大的。我们看见这个世界存在，而我们相信上帝存在。
>
> 即使撇开先知们的声音，这个世界本身，依据它的变化运动的完善秩序，依据它的一切可见事物的宏大瑰丽，也已经无声地既宣告了它是被造的，也宣告了它只能由一位在宏大瑰丽方面不可言说、不可见的上帝来创造。[29]

简言之，这个世界是太复杂也太完善了，因此不可能没有一个大能的创造者，而这个创造者就是神。这乃是神学中关于神之存在的一切理性证明的基础。

培根还举出了具体的例子，说世界上的各个民族，哪怕是非常原始落后的西印度群岛上的人，也有他们的神，即相信有神，因此这些野蛮人也是反对无神论的。

这使我想起维柯说过的话："世界上从未有过一个由无神论者组成的民族，因为所有的民族都起源于某种宗教。"[30]

培根还指出，越是虔诚地相信神的存在的民族，就越具有强大的力量，他还以古罗马人为例：

> 从来没有一个国家有如罗马之壮伟。关于这个国家且听西塞罗之所言："无论我们自视多高，我们在人数上胜不过西班牙人，在体力上胜不过高尔人，在狡黠上胜不过迦太基人，在艺术上胜不过希腊人，并且在那些天生的、属于人民与土地的乡土之感上，连土著的意大利人和拉丁人也胜不过；然而在慈孝上，在宗教上，并且在那唯一的大智慧上——就是认明世间底一切是由众神底意志管理并支配的——在这些上我们是胜过一切的国家与民族的。[31]

培根在这里清楚地说明了：罗马人认为，他们的优势不是武力，也不是智力与艺术之类，而是宗教。罗马人乃是最信神的人，所以才是最强大的民族。

至于哲学家们，培根认为，无神论的思想家虽然有，但是很少，"思想家中的无神论者是很少的"[32]。这同样符合事实，纵观19世纪以前的西方哲学史，称得上无神论者的少之又少，只有霍尔巴赫、梅叶、孔狄亚克、狄德罗、爱尔维修等少数几位，而且基本上集中在18世纪法国哲学这一特殊的时代。

至于无神论产生的原因，培根也作了解释，他说：

> 无神论底原因一是宗教分成多派（分为主要的两大派是会增加人底热诚的；但是派别过多就要引起无神论了）。二是僧侣底失德；就如圣波纳所说的情形一样："我们现在不能说僧侣有如一般人，因为一般人现在是比僧侣强了。"三是一种亵渎和嘲弄神圣事物的风习一点一点地毁损了宗教底尊严。最后还有一种理由，就是学术昌盛的时代，尤其是同时太平与繁荣的时代；因为祸乱与困厄较能使人心倾向宗教也。[33]

这里培根找出了无神论产生的四个原因，前面两个好理解，也是对当时现实的描述。第三个原因应该是基于前面两个原因的，正因为前面两个原因的存在，所以许多人不信神了。这样的人多了，就在社会上掀起了一股不信神的风气，从而导致更多的人跟风不信神。至于最后一个原因，在我看来，这里的"学术昌盛"指的就是科学与理性，当科学与理性昌盛的时候，人们自然会以这样的眼光去看这个世界，这样一来，一般人是很难看到上帝的。例如，在过去一般基督徒的眼中，上帝是生活在天上的，于是他们就想当然地认为只要飞上高天就可以看到天堂与上帝了，但科学的发展已经可以使人们不但能够看到很高的天，还能飞上去了，但结果上面根本看不到什么天堂与上帝。这样一来，他们就自然怀疑上帝的存在了。

当然，倘若从另一个角度去看这个问题的话，即从更深更广的角度去看这个问题或者说这个世界的话，就是另一回事了，也许就会像奥古斯丁那样，从这个世界的无边与瑰丽之中看到上帝的创造了！

也许正是因为看到了这一点，所以培根说出了这样的话：

> 一点点儿哲学使人倾向于无神论，这是真的；但是深究哲理，会使人心又转回到宗教去。[34]

培根的意思很清楚：倘若我们只懂一点点哲学，或者说只对这个世界有粗浅的了解，那么我们也许会不相信神的存在。但倘若我们更进一步地思索，懂得更多的哲学，对这个世界也有更深刻的理解，那么我们又会相信神的存在了。

在我看来，这是培根所有关于宗教与无神论的论述之中最为深刻的内容，值得我们掩卷深思。

注　释

1　转引自《十七世纪英国哲学》，胡景钊、余丽嫦著，商务印书馆，2006 年 4 月第 1 版，第 153 页。

2　参见《科学、信仰与政治——弗兰西斯·培根与现代世界的乌托邦根源》，（美）魏因伯格著，张新樟译，生活·读书·新知三联书店，2008 年 6 月第 1 版，第 63 页。

3　《科学、信仰与政治——弗兰西斯·培根与现代世界的乌托邦根源》，第 404 页。

4　《新工具》，（英）培根著，许宝骙译，商务印书馆，1984 年 10 月第 1 版，第 80 页。

5　《学术的进展》，（英）培根著，刘运同译，上海人民出版社，2007 年 8 月第 1 版，第 187—188 页。

6　《学术的进展》，第 199 页。

7　《新大西岛》，（英）培根著，何新译，商务印书馆，2012 年 12 月第 1 版，第 1 页。

8　《新大西岛》，第 2 页。

9　参见《新大西岛》，第 9 页。

10　《新大西岛》，第 10 页。

11　《新大西岛》，第 12 页。

12　《新大西岛》，第 41 页。

13　参见《崇学论》，（英）培根著，关琪桐译，商务印书馆，1938 年 6 月第 1 版，第 121 页。

14　《学术的进展》，第 197 页。

15　参见《学术的进展》，第 197 页。

16 《论古人的智慧》，（英）培根著，李春长译，华夏出版社，2006 年 4 月第 1 版，第 1 页。

17 《新大西岛》，第 28—29 页。

18 《科学、信仰与政治——弗兰西斯·培根与现代世界的乌托邦根源》，第 3 页。

19 《培根论说文集》，（英）培根著，水天同译，商务印书馆，1983 年 7 月第二版，第 12 页。

20 《新工具》，第 74 页。

21 《新工具》，第 40 页。

22 《新工具》，第 76 页。

23 《托马斯·阿奎那传》，傅乐安著，河北人民出版社，1997 年 1 月第 1 版，第 169 页。

24 《学术的进展》，（英）培根著，第 188 页。

25 参见《新工具》，第 75 页。

26 《弗兰西斯·培根》，（美）约翰·拉塞尔著，吕澎等译，河南大学出版社，2018 年 3 月第 1 版，第 139 页。

27 《培根论说文集》，第 57 页。

28 《培根论说文集》，第 57 页。

29 《上帝之城》（上卷），（古罗马）奥古斯丁著，王晓朝译，人民出版社，2006 年 12 月第 1 版，第 446—447 页。

30 《维柯著作选》，（英）利昂·庞帕编译，（意）维柯著，陆晓禾译，商务印书馆，1997 年 11 月第 1 版，第 122 页。

31 《培根论说文集》，第 60 页。

32 《培根论说文集》，第 59 页。

33 《培根论说文集》，第 59 页。

34 《培根论说文集》，第 57 页。

第十讲　应当建立一个怎样的国家？

前面我们讲完了培根的神学思想，最后我们来讲他的政治学思想，包括他的政治理想。

我们知道，政治哲学的主体内容就是应当建立一个怎样的国家，或者说一个理想的国家是怎样的。培根对于这样的问题也有自己的回答。不过，就如科学与神学思想一样，培根的政治思想也不是系统的，只是一些与政治有关的思想之片断而已。

其中最重要的就是关于政体的看法，而在培根时代，基本上只有君主政体，这种政体中有两个国家治理者：君主与贵族，因此对于他的政治思想我们首先要谈的就是对君主与贵族这两个部分的认识。

无聊的君主

我们首先来看他对君主政体的核心——"首脑即君主"的认识。

培根在其《论说文集》中专门有一节《论王权》，不过其中描述的君主生活并不是很幸福，例如他说：

> 所欲者甚少而所畏者甚多，这种心理是一种痛苦可怜的心理；然而为帝王者其情形多是如此。他们因为尊贵已极，所以没有什么可希冀的，这就使得他们底精神萎靡不振；同时他们又有许多关于危难暗祸的想象，这又使他们心智不宁了。[1]

根据这样的描述，似乎当君王是很不好的一件事，因为他们居于至尊的地位，国之一切都为己所有，要什么有什么。这样一来，他们就反而想不到究竟要什么了。这就像把天下的千般美味都摆在一个人面前时，他反而失去了食欲，不知道从哪样下口了。在培根看来，这如同失去了希望，而一个君主恰恰是没有希望的——因为他所希望的都可以得到。我们又知道，一种没有希望的生活其实是非常无聊的，所以君主们的生活也就非常无聊了，于是他们的精神也就"萎靡不振"。

培根的这种说法有没有道理呢？只能说有一定的道理。确实，作为君主，当他要什么就有什么，要谁就是谁，也许就真的没有了物和人的欲望。不过，这种说法应该只对那些专制国家的君主例如古代中国的皇帝是合适的，对于西方国家的君主就未必如此了。因为西方国家的君主权力基本上都是有限的，国家都不大，财力也有限。更重要的是，在培根的时代君主们的权力更是有限了，君主必须遵守法律，依照法律去统治，绝不能任意而为，否则就会面对各种惩罚甚至被废，这样的例子在西方历史上并不鲜见。

培根还说，正因为作为君主要什么有什么，所以反而没有了欲望，于是他们就想方设法为自己制造各种欲望，它们常常是一些细小的技艺。"这些细事有时是建造一座建筑，有时是建立一个教宗，有时是擢升一人，有时是要专精一艺或一技，**如尼罗之于琴**，道密先之于射，可谟达斯之于剑，卡剌卡拉之于御，以及类此者皆是也。"[2]

这里列举的都是西方历史上的真事，尼罗就是尼禄，他喜欢弹琴；道密先就是图密善，据说精于射箭；可谟达斯就是康茂德，他善于击剑；卡剌卡拉就是卡利古拉，他善于驾驭战车。这几位都是古罗马帝王中的昏君，例如尼禄就是西方最有名的暴君之一，据说有一次大烧罗马城，他在高处看着火光冲天的城市弹琴取乐。培根将这些例子举出来，其意是指倘若君王不专心治国，而是干别的一些事，那是一定要误国害民的。

　　培根所言的确大有道理，不仅古罗马如此，后来亦是如此，例如被送上断头台的法王路易十六，他就是一位了不起的制锁大师。据说有一次他制造了一把"蝾螈"锁，把钥匙插进后转动三圈，"蝾螈"的嘴中便会喷出水来。西方如此，中国亦如此，例如明朝的"木匠皇帝"明熹宗，极善木工，明朝之亡就是自他开始的。其实，无论是这样的雕虫小技，还是更高雅的技艺，只要不是治国之技，国王一旦专心于此，同样是要倒霉的。如南唐后主李煜，他就是有名的大词人，《虞美人》中写道："春花秋月何时了？往事知多少。"这样的千古名句就是他写出来的，但南唐也是在他手上灭亡的。

　　这些中外之史例都说明了一个道理：当君主就应该专注于治理国家，除此之外的任何事都是不务正业。在我看来，这实际上也隐晦地表达了培根对君主的期许，就是希望君主能够专心治国，要心无旁骛而不能心怀杂念。

　　甚至，或许他在这里也暗暗地规劝了宠幸他的詹姆士一世，因为这位国王就是一个心有许多杂念的人，时常附庸风雅，尤其喜欢写诗。所以，培根或许也是在暗劝或至少暗暗地希望他的君主不要写诗了，要去专心治理国家！

　　我这样说是有根由的，因为在培根看来，君主应该接受规劝，君主们也应该多接受臣下的谏言。他认为即使那些最智慧的君主也有必要接受规劝，这不但无损于他们的智慧与英明，反而会使他们更加受人崇敬，对此他曾这样说：

> 人君中极聪明者也不必以为借助于言论就有损于他们的伟大或有伤于他们的能名。连上帝自己也是不能缺少它的，并且他把进言这件事定为他底圣嗣的尊号之一，就是"进言者"或"规劝者"。[3]

由上可见，在培根看来，最好的君主就是那些最善于接受臣下规劝的君主，以我们中国人的话来说就是"善于纳谏"，这诚然是有道理的，例如我们中国历史上的唐太宗和汉武帝，都是善于纳谏的，也都是政绩卓著的明君。

还有，培根认为这种规劝不但对君主是重要的，而且对于所有人都是重要的，对此他说："人与人之间最大的信任就是关于进言的信任。"[4]

此句也是培根著作中的名言之一，值得我们铭记。

不过，我们不要以为培根既然重视君主的纳谏，他就会经常进谏，甚至冒着君主的怒火去进谏。事实上，如我们前面在讲他的人生时说过的，培根是一个很喜欢溜须拍马的人，一点也不喜欢去劝谏。说的是一套，做的又是一套。

其实，这种为人显示了培根的另一种政治态度，就是主张服从强权。

　　培根认为，当人面对强权之时，不要与之抗争，而要妥协、服从，这不是什么见不得人的事，就像他在《崇学论》中所言：

> 　　这种服从强权、委曲求全的办法，我们万不能深恶痛绝，因为在表面看来，这种行为虽然不免卑鄙，但是考之实际，我们只应当看他们是服从情势，不是服从个人。[5]

　　培根的意思就是说，当我们面对强权时，无论是君主还是比自己更强大的其他人，服从甚至投降都不是什么卑鄙的事，哪怕心中不愿意也不妨服从，因为这只是权宜之计而已。

　　这种态度在中国同样是存在的，许多俗话就很好地描述了培根所说的情形，例如"在人屋檐下，不得不低头"，"男子汉大丈夫能屈能伸"，甚至还有韩信甘受"胯下之辱"的典故，都说明类似的话在中国也是很容易被接受的。

　　也许正因为这个，培根认为那些表面上身居高位者实际上也如君主一样，是相当可悲的，因为他们是"三重的仆役"：第一重是君主或国家的仆役，第二重是名声的仆役，第三重是事业的仆役。这就是说，身居高位者上面有三座大山压着他们，就像孙悟空被压在五行山下一样，是没有多少自由可言的。而且"既没有个人的自由，也没有行动的自由"，还没有支配自己时间的自由。

他还说，这些人为了追求权力而失掉了自由，换言之就是，他们追求凌驾于他人之上的权力，追求到手后反而"失却统治自己的权力"，也就是失去了自己的自由。

培根进一步说，要想升到高位是很难的，那些贵人们经历了千辛万苦后爬上高位，结果却是吃到了更大的苦，而且，往往还要经过种种卑劣手段才能达到目的。但在终于达到目的——登上高位之后，不但要吃更大的苦，而且也是"高处不胜寒"，并不好受。那显赫的地位十分不稳定，随时可能失去甚至让人走向毁灭，至少经常会蒙受骂名。总之就像老子所云："福兮祸之所伏。"[6]

所以培根的结论就是，追求高位或者得到高位"是一件很可悲的事"。[7]

这段话可以看作培根对政治权力的看法，其实也折射了他自己的境遇。他自己也曾经成为英国政坛官员最高者——大法官，结果却是很快就失去高位，自己不但名声受损，而且差点丢掉脑袋。因此这一番思想应该是他对自己一生削尖脑袋往上爬的教训之总结，倘若有人也希望像培根一样往上爬，不妨好好想想培根这段话。

这些高位者可以看成是贵族，培根对之是非常关注的，其《论说文集》的第十四章就叫《论贵族》，在这里，培根谈到了他对三种政治制度，即君主制、贵族制与民主制的看法。

地球上最大的君主

　　首先，培根对于那种完全没有贵族、只有君主的绝对君主专制国家是很反对的，例如土耳其——其实我们古代的中国也是如此。作为虔诚的基督徒，培根对于当时欧洲最强大的异教徒国家是没有好感的，对他们的政治制度自然也没有好感。培根认为在一个国家中贵族是需要的，因为贵族可以调剂君权。如果国家有什么过失，人们也不会将一切责任推在君主身上，而将目光从君主身上移开，投向贵族。

　　培根还认为，作为君主，最好能够在贵族中找到人才好好利用，让他们去直接治理人民，这对国家是很有利的，因为人民会自然而然地服从这样的贵族。对此他说：

> 　　无疑地，为人君者，在他们的贵族中若有人才而能用之，则他们将得到安适，并且国事底进行也要得到顺利；因为人民会自然地服从他们，以为他们是生来就有权发号施令。[8]

据此看来，在贵族制与君主专制之间，培根是倾向于贵族制的，认为由贵族直接治理国家比由君主直接治理要好些。

然后就是民主制了。对于民主制，培根显然也是持肯定态度的，他说：

　　　　说到民主国家，它们是不需要贵族的，并且它们比较有贵族巨室的国家，通常是较为平静，不易有叛乱的。因为在民主国中，人们的眼光是在事业上而不在个人上的。或者，即令眼光是在个人身上，也是为了事业的原故，要问某人之适当与否，而不是为了标帜与血统的。[9]

培根在这里提到了民主制国家的一大优点是国家比较安宁，不容易发生叛乱。他还分析了其中的道理，就是因为在民主制下人们总是集中注意力于事业——我们可以理解为国家的公共事务，而不是某些个人。我们知道，在民主制国家中掌握权力者乃是全体公民，因此国家之利益就是全体公民之利益，这样一来，国家一切的努力方向都是人民的共同福祉，这样国家里的人民自然不会生乱。他还说，在民主制国家里，当眼光落在个人身上时——即准备让他担当某种国家之重大责任时，也不是真的为了这个人的发展，而是为了国家，看任用这个人是否有利于国家。并且，当他们关注与任用这个人之时，只会看他有没有这样的能力，而不会看他是什么样的出身与血统，这有利于国家拔擢人才。

培根还进一步指出，在民主制国家中，国家总是将目光投向"实利"——实际的、实在的利益，也就是物质利益或者说物质财富。培根认为这是极为重要的，他还以瑞士这个欧洲最有名的民主国家为例，他说：

> 我们看得到瑞士人的国家很能持久，虽然他们国中有很多宗教派别，而且行政区之间也不一致：这是因为维系他们的是实利而不是对在位者个人的崇仰。[10]

培根这样的说法是合乎事实的，或者说为我们解决疑惑提供了很好的答案。我们知道，瑞士是一个有些特别的国家，它由多个民族组成，主要是德国人、法国人与意大利人；而且它北接德国、西邻法国、南接意大利。于是人们很容易疑惑：为什么会有这个独立的瑞士呢？为什么它的人民不加入周边的三个国家呢？他们毕竟是同一个民族！

这是一个很复杂的问题，我们在这里不能细说，一般人也许会认为主要原因是宗教，因为瑞士人信仰的主要是基督新教中的加尔文教派。但实际上瑞士人的宗教信仰可不这么简单：现在瑞士信仰人数最多的是天主教，其次才是新教，另有近百分之十的人信仰其他宗教。还有，瑞士虽然国家面积不大，只有约四万平方公里，却划分为二十六个州，各州情形差别很大，且拥有很大自治权，甚至有自己的宪法，属于联邦的权力相当小。但就是这样一个国家，却是全欧洲最团结的国家之一，并且也是最稳定的国家之一。这是为什么呢？很多人不理解，从培根这里能找到一个很好的答案：就是利益。

这也是一个很了不起的答案，它看到了政治制度的本质就是利益，这乃是一切政治制度的根基，是人民结合在一起建立国家的根本原因。所以很多深刻的政治哲学家都认识到了这一点，如孟德斯鸠说过："利益是地球上最大的君主。"[11]

托克维尔也说过："人们的心天天在想它们，时时刻刻在想它们，以致忘却了世界上的其余一切。有时，在人的心目中，它们成了仅次于上帝的存在。"[12]

这里的"它们"就是利益，并且他们所说的都是物质的利益。

其实我们中国的司马迁也早就说过类似的话：

> 天下熙熙皆为利来，天下攘攘皆为利往。
> 夫千乘之王，万家之侯，百室之君，尚犹患贫，
> 而况匹夫。[13]

此外，培根还举了欧洲另一个著名的民主制国家荷兰

为例，说明了民主制的优越性：

> 荷兰合众国政治很优良，因为在权的地方，政治上的集议是比较重事而不重人的，并且人民对于纳税输款也是较为乐意的。一个巨大有力的贵族阶级增加君王底威严，可是减少了他底权力，使人民更有生气，更为活泼，可是压抑了他们的福利。[14]

在民主制国家里，由于人民乃是国家之主人，他们比较乐于缴纳税款，因为这等于是交给他们自己。而且在处理事务上面也能够将注意力放在事务本身上，就事论事，这对于国家事务之处理当然是有利的。这里的"平权"就是指民主制下人人皆享有平等权利。他还顺便说明了贵族制的问题，虽然这个制度因为压制了君主的权力，使之不能专制独裁，使人民更有生气、更为活泼，但同样压制了人民的福利，而福利就是利益，它的重要性我们上面刚刚说过，既然如此，贵族制当然不如民主制。

从这些分析中我们可以比较清楚地看到培根在君主制、贵族制与民主制三大政治制度之中，最倾向的还是民主制。

与此相应地，培根还有另一个重要的观点，即认为人民才是国家的真正力量之所在。

他还是举了荷兰人为例，说"工作胜于物质"，就是说工作比物质更为有价值，更能增加财富；荷兰就是全世界享有最好的"矿产"的国家。[15]

培根的话可以理解为：在一个国家里，人们的辛苦劳动是比资源还重要的，这些辛苦劳动的人们乃是最为宝贵的，是"地面上的矿产"。在培根看来，拥有最好的"地面上的矿产"的国家就是最为繁荣昌盛的国家。荷兰就是一个好例子，其实英国自身也是。这个道理直到今天都是非常正确的，人永远是国家富强的第一要素。

此外，在《培根论说文集》第二十九章《论邦国底真正伟大之处》中，他又说：

> 坚城、武库、名马、战车、巨象、大炮等等不过是披着狮子皮的绵羊，除非人民底体质和精神坚强好战。不特如此，若是民无勇气，则兵士数目之多是无关紧要的，委吉尔所谓"一只狼从不介意有多少只羊"者即指此也。[16]

培根认为，一个国家的强大，靠的不是城池的坚固、武器的精良、战马的矫健、战象的巨大、大炮的威力，靠的是勇敢的人民，相对于人民的力量而言，这些坚城大炮之类不过是披着狮子皮的绵羊而已。

后面培根还举了亚历山大大帝的例子。在阿拉比之战中，波斯大军虽然如人山人海，一些将领看到有些害怕，想要采取晚上偷袭的战法，但大帝骄傲地说："我不愿偷取胜利。"就是说，他坚信自己将要战胜对手，取得胜利，在他看来，对手的万千之众也不过是羊群而已，他乃是狼，狼当然不介意羊多。

正因为看到了人民力量之强大，培根说，倘若人民不满意政府，或者感到生活是痛苦的，那么当给他们一条合适的渠道发泄这种不满与痛苦，这样才有利于国家和政府的安全。相反，倘若压制人民，使他们没有宣泄怒火与痛苦的合适渠道，那么就像将伤口的脏血硬压入体内会造成身体的致命危害一样，这种压制也会造成国家的危机：

> 人民以相当的自由使其痛苦与不平得以发泄（只要发泄的时候不要过于不逊或夸张）是一种安全的方法。因为那压抑本液及使伤口的血倒流入内的人将有恶疡及险疮的危险。[17]

培根这样说显然是有道理的。这不由使我想起了周厉王的事：

> 厉王虐，国人谤王。召公告曰："民不堪命矣！"王怒，得卫巫，使监谤者。以告，

则杀之。国人莫敢言，道路以目。

王喜，告召公曰："吾能弭谤矣，乃不敢言。"召公曰："是障之也。防民之口，甚于防川。川壅而溃，伤人必多，民亦如之。是故为川者决之使导，为民者宣之使言。"

这段话的意思是说，周厉王暴虐，老百姓纷纷指责他。召公告诉厉王说："老百姓受不了你的暴政了！"厉王听了勃然大怒，找到卫巫，让其去监视批评国君的人，找到就杀掉他们。这样一来，国人都不敢说话了，路上遇见了熟人也只是相互以目示意，不敢交谈。

周厉王颇为得意，对召公说："我消除指责的言论了，他们再也不敢吭声了！"

召公回答说："你这样做只是堵住人们的嘴而已。堵老百姓的嘴就好比阻塞河水一样。河流如果堵塞后再决堤，伤的人一定很多，人民也是这样。因此治水的人会疏通河道使它畅通，君主治理人民也只能开导他们，让人民能够畅所欲言。"

显然，培根的意见和召公是完全一样的，而结果也证明了他们的想法都是正确的。例如，因为周厉王继续堵人民的口，人民终于怒不可遏了，三年之后就起来造反，把周厉王赶走了："王不听，于是国人莫敢出言。三年，乃流王于彘。"[18]

作为王者的科学家

　　以上我们讲了培根的一些政治哲学思想，只是一些著作之中的片断而已，因为培根可不像孟德斯鸠或者卢梭，不是政治哲学家，没有写过专门的政治哲学著作，只是在著作中有一些关于政治哲学的思想片断。

　　不过，在他的一本书里实际上比较完整地表达了他的政治哲学思想，表达了他关于一个国家的整体包括其政治制度应该是什么样的看法。这就是《新大西岛》，其中的大西岛国家就是培根的理想国，它的政治制度也应该是培根理想中的政治制度。

　　所以朗佩特在《尼采与现时代——解读培根、笛卡尔与尼采》中说：

> 　　培根在《新大西岛》中乍一看似乎保持
> 了沉默，仔细研究会发现，他讲出了政治秘密，
> 讲述的方式也适合政治秘密而且令人费解。[19]

朗佩特说培根在书中讲述了政治的秘密，也就是他理想中的政治制度，同时朗佩特认为培根将政治的秘密讲得"令人费解"。我认为倒不是这样，一是培根在《新大西岛》中讲述的新大西岛的政治制度特点是很清楚的，二是他也

明确地表示了，新大西岛就是他培根的"理想国"："的确，如果世界上有什么足资借镜的地方，那就是这个最值得我们注意的国家。"[20]

培根认为新大西岛乃是世界上最完美的国家，也是最值得当今世界各国借鉴的国家！借鉴什么？当然是其国家的统治方式即政治制度了。

他还说，与新大西岛拥有最好的政治制度一样，新大西岛上的人民乃是世界上最纯洁美好的人民：

> 普天之下没有一个像本色列这样纯洁的民族，也没有一个民族能像本色列这样免于荒淫污秽的，这真是全世界上的童贞女。[21]

这就说明，倘若我们想知道培根理想中的政治制度，看看新大西岛的就可以了。

现在我们就来看看新大西岛的国家政治制度吧。

新大西岛的政治制度要从古代一位伟大的国王所罗蒙那说起，书中是这样说的：

> 约在一千九百年以前，一位国王治理着我们这个岛。我们永远崇拜他的伟大业绩，并不是由于迷信，而是由于他虽然是一个活在世上的人，但能替天行道。他的名，叫所

罗蒙那；我们都尊他为我们国家的立法者。
这位国王宽仁大度，广行善政，一心一意为
他的国家和人民谋幸福。[22]

由此可见，新大西岛总的来说是一个君主制国家，并且
正是伟大的君主为新大西岛制定了最初的国家制度与法
律体系。那位君主之所以是伟大的，主要就是因为他一
心为人民谋幸福。显然，联系到此后科学在新大西岛上
的决定性作用，这里的幸福主要当指他为人民带来了财
富。这也与培根此前所说的物质利益处于核心地位是相
呼应的。

所罗蒙那之后，实际上统治这个国家的已经不是国王，
而是一个特殊的组织——"所罗门之宫"，在培根看来，
它乃是所罗蒙那最伟大的创造：

我们那位国王的许多光辉的事迹当中最
突出的，就是我们称之为"所罗门之宫"的
兴建和创办。[23]

后面还说了所罗门之宫是一个什么样的组织，说"它
是一个教团、一个公会，是世界上一个最崇高的组织，也
是这个国家的指路明灯"。

从这里就可以看出来，实际上统治新大西岛的并非国

王，而是这个组织。

那么"所罗门之宫"究竟是一个什么样的机构呢？又是如何统治新大西岛的？这在书中也说明了，是借新大西岛一个尊贵的元老之口：

> 为了使你了解"所罗门之宫"的真实情况，我将按这样的顺序来讲：第一，我们这个机构的目的；第二，我们的措施和设备；第三，我们的成员所担负的工作和任务；第四，我们所遵守的法令和仪式。
>
> 我们这个机构的目的是探讨事物的本原和它们运行的秘密，并扩大人类的知识领域，以使一切理想的实现成为可能。[24]

后面就具体地说明了"所罗门之宫"这四个方面了。最后一句也很关键，它说明了"所罗门之宫"的根本目的之所在，这句话通俗点来说就是理解万物的本质，发现万物的规律，从中获取关于宇宙万物的知识，并且利用这些知识为人类服务，以实现人类幸福生活之理想。用更简单的话来说就是：以科学研究为人类服务。

后面还具体地讲述了"所罗门之宫"是如何进行科学研究的，例如在那里有"各种深度的又大又深的洞穴，最深的有六百英寸，有一些是在山底下掘的，所以如果你把山的高度和洞的深度计算在一起，有一些就会超过三英里深"[25]。

还有高塔，"最高的达半英里，有一些建造在高山上，连山带塔最高的至少有三英里"[26]。

另外还有"很大的咸水湖和淡水湖，在那里我们可以养鱼和水禽"[27]。

如此种种，不用说都是利用科学研究为人民服务，让日子过得舒服。为此甚至还建立了疗养院：

> 我们还有一些疗养院，我们管它们叫作保健院。我们可以调节那里的空气，使之适合于治疗各种疾病和保持健康。[28]

培根在这里设想了一种可以调节空气的设备，就是我们今天的空调了。当然，在培根那个时代这只是一种幻想，但这种幻想几百年之后实现了，说明培根有何等的远见。

宫里还有其他好地方：

> 我们还有许多清洁而宽敞的浴池，水里掺有各种药水，能够治疗疾病和祛除人们身体的过度疲劳；有的能增强人们的体力、各部分的机能，使他们精力充沛，肌肉发达。[29]

这种地方类似于我们今天的各种温泉浴池，但更加理想。培根的有些设想已经超越了我们今天。

不过还有很多是今天已经实现了的，例如他提到了树木的嫁接："我们对于各种野生的树木和果树做各种嫁接和萌芽的试验，获得了良好的结果。" [30]

果树的嫁接技术在当时的英国已经有了，只是比较原始，但培根看到了这种技术的重要性，预言其将来会有更大的作用，确实如此。

还有一件事今天也实现了，科学家们正是这么做的：

> 我们还有许多动物园养着各种鸟兽，这不仅是为了它们的珍异而作观赏之用，也是为了解剖和试验，把得到的知识应用到人体上。[31]

还有这个：

> 我们有方法看到远在天上和极远极远地方的东西，能视近若远，视远若近，造成虚假的距离。我们还能用比现在眼镜更好的办法来帮助视觉。我们有办法用镜子清晰地、完整地看到极微小的物体，看到用其他办法看不到的昆虫的形状和颜色，米粒和宝玉上

的瑕疵，观察用其他办法无法观察的便溺和血液。[32]

这就是望远镜与显微镜了，这两样在培根时代也已经发明了：望远镜是由伽利略发明的，光学显微镜是在1590年由荷兰的詹森父子发明的，后来伽利略还制作了一架更加完善的显微镜，它可以将苍蝇放大到母鸡那样大。

有一些同时代没有的东西培根也进行预言并且在今天得到了实现，例如他预言了有"吸力惊人的磁石以及其他天然的和人造的珍贵宝石"，这"吸力惊人的磁石"就是今天的电磁铁，它可以吸引上百吨重的东西，而钻石也已经可以人工制造。

有一些直到今天都是很先进的，看上去简直就像是介绍最新型的科学实验室，如这个："我们还有光学馆，在那里我们做各种颜色的光线和辐射的试验。"[33]

但在我看来，最有意思的还是下面这个：

我们还能模仿鸟的飞行；我们已经有了一些飞行的方法。我们有潜行在水底和能够抵抗海浪的船只，还有游泳带和救生圈。我们有奇奇怪怪的钟表，周期和长期转动的机械。我们还制造机器人、机器兽、机器鸟、机器鱼、机器蛇，我们还有很多其他各种各样的机器，都制造得非常匀称、精美和细致。[34]

很有意思吧！这里培根清楚预言的飞机、潜艇与机器人，在今天都实现了，并且如他所希望的那样大大地改善了人类的生活。机器兽、机器鸟、机器鱼、机器蛇之类将来应该也会有，我们还可以清楚地预见，它们未来也将造福于人类。

不过也有一些发明并不是人人乐见的，例如这一个：

我们还有幻术室，在那里我们能演出各种魔术、幻影、幻法和假象，并揭露其秘密。[35]

我想这就是魔术师不乐见的发明了，倘若今天有了这样的幻术室，魔术师们恐怕就要失业了。

培根还有一些设想在我看来是纯粹的幻想，不可能实现的，例如：

我们还有方法使植物从各种混合的土壤中生长出来而不需要种子，同样也能生产出各种异乎寻常的新品种，并且能使一种树或者一种植物变为另外的一种。[36]

> 我们也有办法使不同种类的鸟兽实行杂
> 交，不像一般人所想的那样不能生育，而是
> 能生出新种。我们使腐败物中生出爬虫类、
> 蠕虫类、蝇蛾和鱼类，结果有一些竟进化成
> 为较高级的生物如鸟兽等等，不但有性别，
> 而且能繁殖。[37]

这些显然是不大可能的，即使在未来也不大可能，但谁要
求每一个理想都会实现呢？

那么这个"所罗门之宫"是由谁管理的呢？由三十六
个人，其中首先是十二个"光的商人"：

> 我们有十二个人以其他国家的名义（因为
> 我们自己的国家是不让人知道的）航行到外国
> 去，收罗各地的书籍和论文，以及各种实验的
> 模型。我们把这些人叫作"光的商人"。[38]

在这里培根将知识称为光，这当然是有道理的，直到今天
我们还有"知识之光"的说法。

除了光的商人外，科学院中还有剽窃者、技工、编纂者、
矿工、天才或者造福者、明灯、灌输者等七类人，各三位，
最后也最重要的也许是"大自然的解说者"，培根是这样
说的：

最后，我们有三个人把以前试验中的发现提高为更完全的经验、定理和格言。我们把他们叫作"大自然的解说者"。[39]

这三位应当是新大西岛真正的执政者。

不难理解，这些经验、定理和格言将在新大西岛流传，成为国家与人民生活中的一部分，也成为其政治制度的一部分。

以上我们介绍了"所罗门之宫"是怎样进行科学研究的，这实际上也是新大西岛主要的政治制度。因为在新大西岛，政治与科学是一体的，科学研究制度也是政治制度。新大西岛国家的统治者实际上就是这三十六位，尤其是最后的三位，朗佩特说：

即使是浮光掠影地思考一下也会清楚地看到，本撒冷（即本色列——编者注）的真正统治者是所罗门宫的科学家们，共三十六人，或者是那三个自然解释者，他们似乎位于国内等级的最顶端。[40]

还有，柯冈－别仑斯坦在《关于弗朗西斯·培根的〈新大西岛〉》中也说：

自本色列社会和国家的组织者在他的国
　　土上建立起自己的制度以来，在本色列国就
　　存在着国王和元老院，换句话说，就是国王、
　　议会、全部官吏等级、有势力的教会，最后
　　还有那特别受人尊敬的、被命名为所罗门之
　　宫的机构。[41]

在柯冈－别仑斯坦看来，新大西岛上有着完整的政治机构，
就像一个培根时代的君主国一样，这也许是对的，例如教
会的势力在新大西岛必定很大。但不管怎样，国家最强大
的力量还应当是"所罗门之宫"。

　　不过柯冈－别仑斯坦的下述意见我是不大同意的：

　　　本色列社会的政治制度又是什么样的
　　呢？首先引人注意的情况是，本色列岛上一
　　切英明的政治制度都被描写成"替天行道地"
　　制定了自己的社会制度的、开明而又人道的
　　国王活动的结果。那种君主专制政体就是培
　　根心目中至善至美的理想。[42]

柯冈－别仑斯坦认为新大西岛是君主专制政体，这在所罗
蒙那时代或许是对的，但是到了书中所记述的时候，没有

任何地方能看到君主专制的影子了。相反，在这里看到的是三十六位科学家，他们才是国家之中最重要的人物，因为他们为新大西岛的人民带来了福利。因此，若讲在书中所记述时代的政治制度，更应该是一种贵族制才对，即一方面有君主，但在国家之中发挥最大作用的乃是贵族，三十六位科学家就是贵族。这也与前面我们说过的培根对三种政治制度的态度是相符合的。

还有，总结前面对新大西岛的描述，不难看出，在新大西岛的政治制度之中，最核心的乃是科学，这实际上是一个由科学统治的国度，这也是培根的理想。我们在前面讲培根的思想时已经说过了，培根的整个思想都是围绕科学进行的，他关注的是如何找到一条可以通达科学的知识与真理的道路，其目的就是要利用科学来为人类谋福利。在培根看来，只有这样的国家才能繁荣昌盛并且**不断进步——因为科学是不断发展的**！就如朗佩特所言：

> 《新大西岛》明显是个寓言，讲述了位于太平洋上的一个子虚乌有的岛屿。这个岛屿因为拥有培根式的科学，才有可能在历史的长河中保持和平与进步，使宗教与科学和谐相处。[43]

不过倘若我们更进一步，就会发现新大西岛上的这些科学家实际上也是哲学家，所以他们不但进行科学的探索，同时也进行治国之道的探索，他们所总结出来的经验、定理和格言也并不仅仅是关于科学的，更是关于国家政治生活的。因为科学研究主要是在"所罗门之宫"进行的，是少数人的事，人民并不知道如何进行科学研究。因此这些格言之类应当是科学家兼哲学家们通过对自然的探索而引导出的国家与人民应当走的道路。因为归根结底自然之道也是人之道，就如老子所言：

人法地，地法天，天法道，道法自然。[44]

浓缩一下就是"人法自然"。

这样一来，统治新大西岛的既是科学家，也是哲学家，而且，若从统治国家的层面上讲，说他们是哲学家更为合适，所以朗佩特说：

谁才是本撒冷的统治者？是所拉门纳（即所罗蒙那——编者注）王。他采用开国者们一直采用的统治方式，通过复兴权威来统治名义上的统治者。用尼采的话说，所拉门纳王是真正的哲人、命令者和立法者，他确定了自己社会的目标和动机。[45]

不难看出，这位大西岛上的所罗蒙那王有点像查拉图斯特拉，称得上是尼采心中的哲学王。

实际上这里所说的哲学王不但是所罗蒙那一个，后来"所罗门之宫"中的三十六位科学家也是这样的哲学王。总之，在新大西岛上，"哲人掌握着权力，哲学家即是统治者"[46]。

总之，培根显然在《新大西岛》中描绘了一个符合于他理想的国度，也是一个真正的理想世界，有类于柏拉图的《理想国》或者托马斯·莫尔的《乌托邦》。

不过，培根是否认为他的新大西岛如乌托邦一样，是不可能实现的理想之国呢？有人认为他知道。魏因伯格说：

> 培根模仿柏拉图进行了对完美社会的描写，因为像柏拉图那样，培根知道乌托邦意味着"乌有之乡"。[47]

但在我看来未必，这更应当是培根的一种理想，就像科学是他的理想一样，这种理想是完全可能实现的，即未来在国家政治中科学可能扮演关键的角色，伟大的科学家也能成为国家的王者。

为什么？理由很简单，就是我们一开始就讲过的培根那句最伟大的名言：

知识就是力量！

我想，倘若未来真的有这样的可能，那么未来的哲学王就是培根一样的人物了，既是伟大的哲学家，又称得上是杰出的科学家，是集科学与哲学于一身的人物，就像"所罗门之宫"中的那些人物一样。

因此，即使从这个角度讲，培根也应当认为他的新大西岛并非乌有之乡，而是可能实现的理想之国。

为人民服务

讲完培根的政治思想后，我们就讲完了培根的思想。

在前面整个的讲述之中，我们可以清楚地看到培根思想与著作有一个总的特点，就是通俗易懂。

当我们阅读培根的著作之时，无论是《新工具》与《培根论说文集》，还是《论古人的智慧》与《新大西岛》，大家不难发现它们有一个共同的特点，就是通俗易懂，比培根之前中世纪哲学家们的著作要好读得多，甚至读起来朗朗上口，富有文采。

这是培根有意为之的，关于这一点他说得很明白：

> 不管行政上的法规有多少种，科学上的法规却只有一条，这就是通俗易懂；过去一直如此，将来也永远如此。[48]

这样的例子当然俯拾皆是，例如打开《新工具》，就能看到培根所说的二十七种"享有优先权的事例"，其中第八种"出轨的事例"他是这样说的：

> 出轨的事例——这是自然中的一些错乱、异想和奇闻，表现着自然岔出了它的常轨。[49]

不难理解吧？对于培根著作的通俗易懂我是很欣赏的，我们之所以要写书，要表达思想，目的就是为了让大家明白，倘若我们能够用通畅的语言去表达不是很好吗？就像食物一样，不但营养，而且美味，岂不比单只营养而不美味要更好吗？

当然，在哲学界也广泛存在着这样的情形：著作很晦涩。这时候就有两种可能了：可能是真的思想深刻，所以得用晦涩的语言表达；但也有这样的可能，本来没什么深刻的思想，为了掩盖，就只好用晦涩的语言。

在我看来，最好还是培根的方式，不能的话就用第二种方式，即思想深刻所以语言晦涩，而第三种则是一定要努力避免的，因为这样写书只会误导读者，白白耽搁他们的宝贵时间。

关于培根思想我们要讲的最后一点是，在培根那里，他整个思想的目标并非知识，而是利益，即知识的目标是为了使人们得到好处，这好处用培根的说法就是"事功"：

　　　　我们整个的任务应归宿于事功。如果说
　　知识乃是事情的开端，那么事功就是事情的
　　终结。[50]

在我看来，这句话可以看作培根对自己整个著作与思想的总结性表达，这也与他的名言"知识就是力量"相呼应。

　　换言之就是，科学是为人民服务的。这乃是培根对于科学、知识与真理的终极理解。不仅如此，这也可以说是我们对培根的终极理解。

注　释

1　《培根论说文集》，（英）培根著，水天同译，商务印书馆，1983年7月第二版，（英）培根著，第66页。

2　《培根论说文集》，（英）培根著，第66—67页。

3　《培根论说文集》，第74页。

4　《培根论说文集》，第74页。

5　《崇学论》，（英）培根著，关琪桐译，商务印书馆，1938年6月第1版，第20页。

6　《老子》，第五十八章。

7　参见《培根论说文集》，第36—37页。

8　《培根论说文集》，第48页。

9　《培根论说文集》，第46—47页。

10　《培根论说文集》，第47页。

11　《波斯人信札》，（法）孟德斯鸠著，罗大冈译，人民文学出版社，1958年3月第1版，第182页。

12　《论美国的民主》，（法）托克维尔著，董果良译，商务印书馆，1998年12月第1版，第663页。

13　《史记·货殖列传》。

14　《培根论说文集》，第47页。

15　《培根论说文集》，第53页。

16　《培根论说文集》，第106页。

17　《培根论说文集》，第54页。

18　《国语·周语上》。

19　《尼采与现时代——解读培根、笛卡尔与尼采》，(美)朗佩特著，李致远等译，华夏出版社，2009年1月第1版，第27页。

20　《新大西岛》，（英）培根著，何新译，商务印书馆，2012年12月第1版，第122页。

21　《新大西岛》，第27页。

22　《新大西岛》，第18页。

23　《新大西岛》，第19页。

24　《新大西岛》，第32页。

25　《新大西岛》，第32页。

26　《新大西岛》，第33页。

27　《新大西岛》，第33页。

28　《新大西岛》，第34页。

29　《新大西岛》，第34页。

30　《新大西岛》，第34页。

31　《新大西岛》，第34页。

32　《新大西岛》，第37页。

33　《新大西岛》，第37页。

34　《新大西岛》，第39页。

35　《新大西岛》，第39页。

36　《新大西岛》，第34页。

37　《新大西岛》，第35页。

38　《新大西岛》，第 39 页。

39　《新大西岛》，第 40 页。

40　《尼采与现时代——解读培根、笛卡尔与尼采》，第 29 页。

41　参见《新大西岛》，第 55 页。

42　参见《新大西岛》，第 55 页。

43　《尼采与现时代——解读培根、笛卡尔与尼采》，第 18 页。

44　《老子》，第二十五章。

45　《尼采与现时代——解读培根、笛卡尔与尼采》，第 39 页。

46　《尼采与现时代——解读培根、笛卡尔与尼采》，第 28 页。

47　《科学、信仰与政治——弗兰西斯·培根与现代世界的乌托邦根源》，（美）魏因伯格著，张新樟译，生活·读书·新知三联书店，2008 年 6 月第 1 版，第 395 页。

48　《西方哲学原著选读》（上卷），北京大学哲学系外国哲学史教研室编，商务印书馆，1981 年 6 月第 1 版，第 341 页。

49　《新工具》，（英）培根著，许宝骙译，商务印书馆，1984 年 10 月第 1 版，第 194 页。

50　《新工具》，第 260 页。

我思，我读，我在
Cogito, Lego, Sum